実践編

ワーキングメモリを生かす文章題・図形の教材

文章題の読み取りや立式と
図形・数量関係領域のつまずき解消！

河村 暁 著

Gakken

CONTENTS 目次

COLUMN
コラム

はじめに

　算数の学習に著しく困難のある子どもが、七夕の短冊に「算数ができるようになりますように」と、お願いを書いたことがあります。別の子どもは、同様のことを初詣で絵馬に書きました。算数が「できない」という自覚が強く、星や神様にお願いするほど「できるようになりたい」気持ちが強いのです。

　子どもの頃、算数に著しく困難があった成人に話を聞くと、「何回教えられてもわからなかった」「丁寧に教えてもらっても、説明を聞いているうちにわからなくなって声が頭を素通りした」「最後はあきれられた」と言います。人に頼んでも叶わない願いは、星や神様にお願いするしかなかったのです。

　こうした困難に共感しようとする大人の中には、子どもの困難に寄り添いすぎて「計算は社会で必要だけど電卓が使えればよいし、数学は大人になって使ったことがない。できないならできなくてもよい」と言う人もいます。

　大まかな要約ですが、小学校の算数は生活で役立ち、中学校の数学は仕事で役立ち、高校の数学は専門的な仕事で、あるいは生活や仕事の思わぬ場面で役立ちます。例えば、2割引きの意味がわかれば、生活の場で役立ちます。比例や確率がわかれば、製品を作るときに材料の計算や不良品の発生率の理解で役立つでしょう。

　実際、算数の学習に著しく困難があった成人が「算数はできなくてもよい」と言うことはほとんどありません。「算数に困難がある子どもが大人になったときに困らないよう、その子のできるペースで理解し学習してほしい」といった意味のことを言います。

　やはり、算数や数学で習うことは社会生活上で意味があるものです。「できなくてよい」と、その子ども以外の大人が決めることはできないのです。

確かに、一見「できるようになりたい」とは思っていないように見える子どももいます。算数に苦戦しすぎて嫌になり、算数の時間になると寝てしまい、ちょっと難しい問題に取り組むとすぐ投げ出すのです。「LDの特性なのか、やる気がないのか……」と、周囲の大人は判断に困ります。

しかし、これは「やる気のなさ」が原因ではなく、算数に苦戦し続けた2次的な結果に過ぎません。ある高校生は、数学では「やる気のない」態度を示していました。ところが、言語的な力の高さから順列や場合分けは理解でき、「これ、わかるんだけど」と言ってすごいペースで教科書に取り組んでいました。ある子どもは、算数に取り組まない理由を「ぼくは、ふざけたやつだから」と大人に説明して、理解できていないことを隠そうとしていました。本当は算数を理解できる自分であってほしいのです。

子どもが「これ、教えて」と助けを求めたら、その子の認知特性とペースに合ったやり方で学習できる。自分の考え方が引き出されて認められ、新しいことにも自分の考え方を適用して取り組めるよう一緒に考えてくれる。そして、自分の中にある「歯車」の動きに呼応して、算数の計算や問題解決の「歯車」が動いていく。いつもそうではなくても、瞬間、瞬間にそうした実感をもてれば、子どもは「これ、教えて」と大人に助けを求めるでしょう。

算数は奥が深く、決して容易ではないかもしれませんが、一人ひとりに合わせた支援方法を充実させていきましょう。子どもがふざけているフリをしなくて済むように。星や神様にお願いしなくても済むように。

2024年3月

河村 暁（福岡教育大学）

本書の使い方

本書は、算数に困難のある子どもが学習に苦手さを示しやすい課題や教えにくい考え方、手続きについて取り上げ、プリントの例とそれを使った学習支援方法を紹介しています。

算数に関する書籍は、本書を含む２冊あり、算数の内容を(A)数概念、(B)計算・アルゴリズム、(C)問題解決という３つのカテゴリーで整理しています。(A)数概念は主に、数の順序や数が表す量に関する学習です。(B)計算・アルゴリズムは主に、加減乗除の計算そのものや筆算です。筆算ではなく、アルゴリズムと表現しているのは、紙に書かずに頭の中で行う手続きや、指を使った手続きなどもあるためです。また、(C)問題解決はいわゆる文章題のように提示された問題を解決するものであり、図形問題なども含むものとします。

本書で取り扱う教材は、上記の3つのうち、(C)問題解決です。(A)数概念、(B)計算・アルゴリズムは前著で取り扱っています。

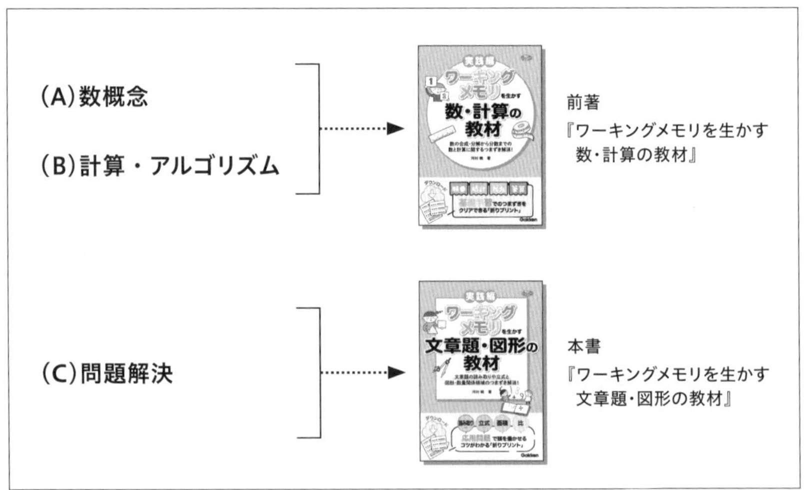

子どものつまずきに合わせて学習内容を選ぶ

選び方①

24ページの「クイックガイド」や26ページの「プリントデータ 一覧」を使って、学習したい内容が本書のどこに収録されているのか、それと関わりのある学習（その前後で取り組むとよい学習）は何かを確認します。

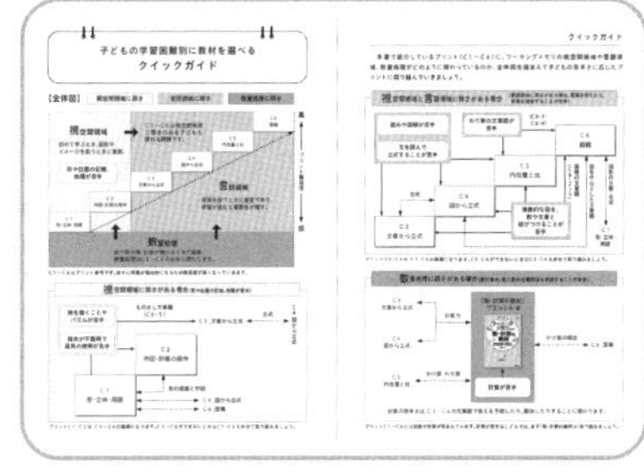

選び方②

29ページからの「プリントの使い方」のページでは、プリントを使った指導のしかたを解説しています。各プリントで、取り扱う学習内容のほか、その学習につまずく子どもの様子を「こんな子に」と絵で示しています。対象となる子どもの姿に近いものを選ぶのもよいでしょう。

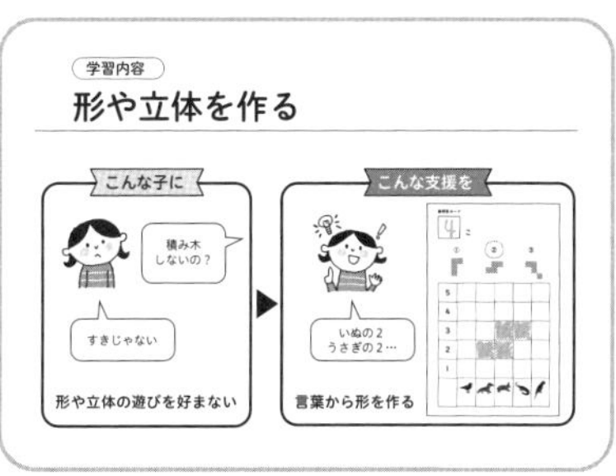

指導方法を参照して実際に学習支援をする

本書のオリジナル教材「折りプリント」を用意して、「プリントの使い方」ページにしたがって、学習支援をします。
「折りプリント」は、子どもがそのときに取り組む箇所だけに注目できるようにプリントを折り、取り組みやすくするものです。専用のサイトから、プリントのPDFデータを取得することができます。取得方法は、28ページの「プリントデータの活用方法」をご覧ください。

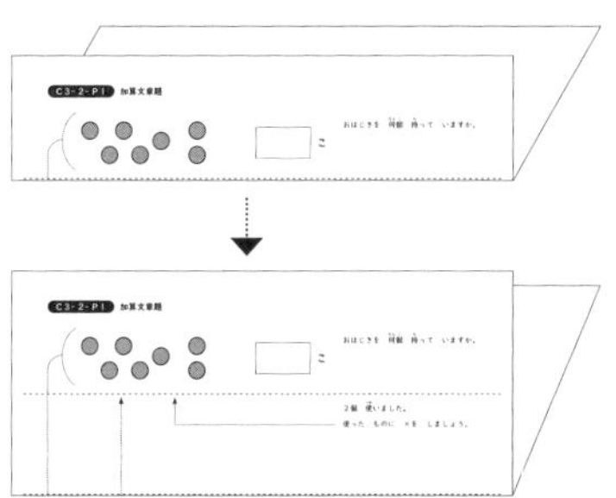

子どもの困難を理解するための

3つの視点

ワーキングメモリの言語領域・視空間領域と、数量処理

本書では、算数学習での困難を支援者が理解するために「ワーキングメモリの言語領域」「ワーキングメモリの視空間領域」「数量処理」の3つの視点で整理し、子どものつまずきの理由を捉え、よりよい支援方法を分析し、プリントなどの教材の作成に生かしています。

各プリントの使い方ページ（29ページ～）では、その学習内容でつまずく背景を推察し、以下のように図で説明しています。

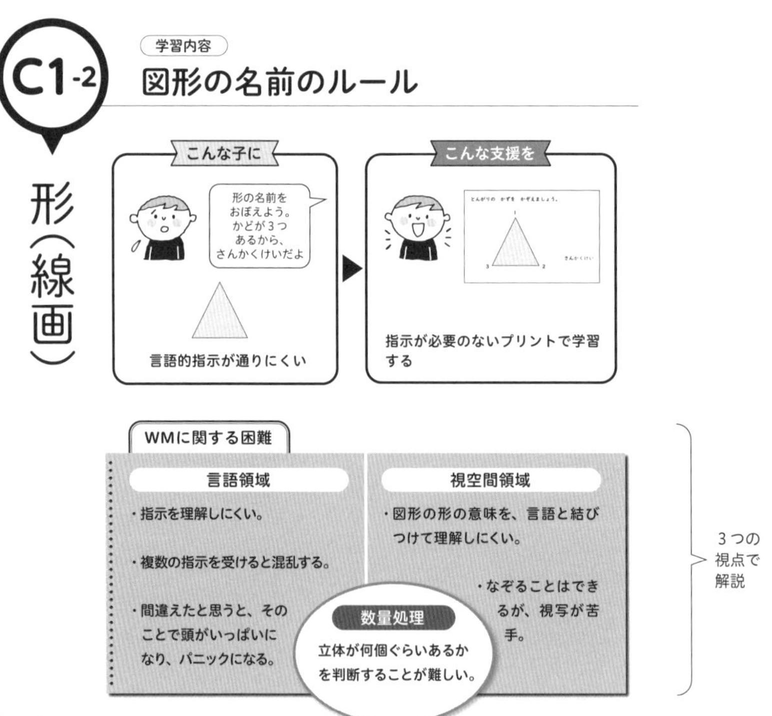

ワーキングメモリの言語領域・視空間領域、数量処理は、算数の学習では次のような働きをしています。

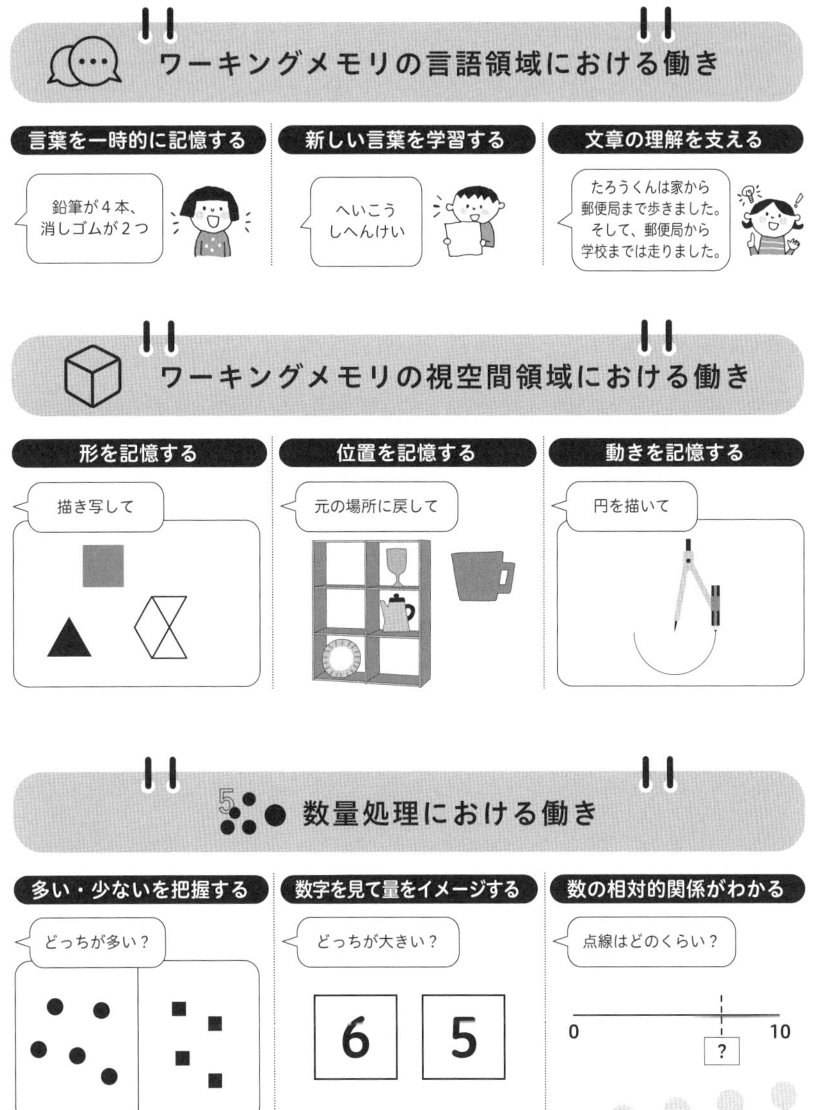

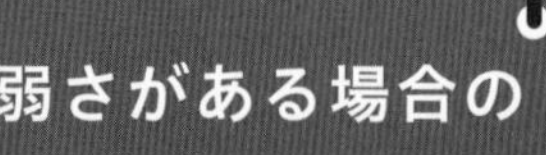

言語領域に弱さがある場合の算数でのつまずき例

❶ 文章題の文章の理解が難しい

おまんじゅうは、１人 あたり
５こあります。
４人いると　いくつありますか。

1人 あたり……？
10こ？

文章題の文章はそれほど長くありませんが、それゆえに短い文から推論して状況を思い浮かべたり、「合わせて」「差」「１人あたり」「直径」など、算数でよく使われる語彙を理解する必要があります。言語領域に弱さのある子どもではこうした文章の理解に困難が生じることがあります。

❷ 文章題の文字・記号の意味がわからなくなる

10このおはじきがあります。
左手に持った数を□、右手に持った数を○として、□と○の関係を式に表しましょう。

○はどっちなの？

言語領域に弱さがあると、文章中の記号が何を表していたのか覚えられないことがあります。x（エックス）などの文字を使った式でも同様です。

❸ 文章題の条件を忘れる

たぬきはだんごを３こ持っています。
いくつか買ったので８こになりました。
きつねは１こ持っています。
いくつか買ったので７こになりました。
買った数が少ないほうはどちらでしょう。

こたえは
きつね？

文章題では答えを一定の条件に従って導き出す必要があります。

言語領域に弱さのある子どもでは、計算をしているうちに条件を忘れて、出てきた数を答えたり、単に大きな数を答えたりすることがあります。

❹ 概念についての言葉を覚えられない

比べる数、もとになる数、割合、
百分率、直径・半径、垂直……

おぼえられないよ

文章題の問題では、さまざまな概念とその名前が現れます。言語領域に弱さのある子どもではそれらを覚えられなかったり、文章中でそうした言葉が出てきても、何を表すのか思い浮かべられず、文章の意味がわからなくなることがあります。

❺ 問題文の説明や内容を覚えられない

この線のところまで
辺を動かして、
そしてその次には……

なんだったっけ？

複合的な問題は、解決するためのプロセスが複雑なものも多く、どうしても支援者の説明が長くなります。言語領域に弱さのある子どもでは、その説明がワーキングメモリからあふれてしまうことがあります。

❻ 解決するための手順を思い出せない

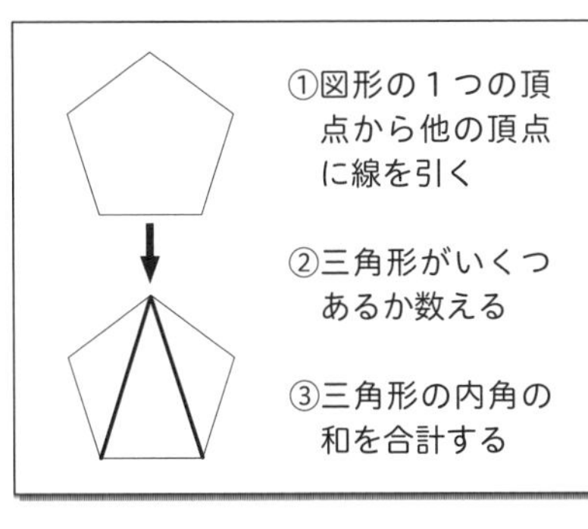

やり方が
思い出せないよ

複合的な問題は、解決するためのプロセスや計算が複雑なものが多く、その手順を覚えて、思い出すことに困難が生じる場合があります。

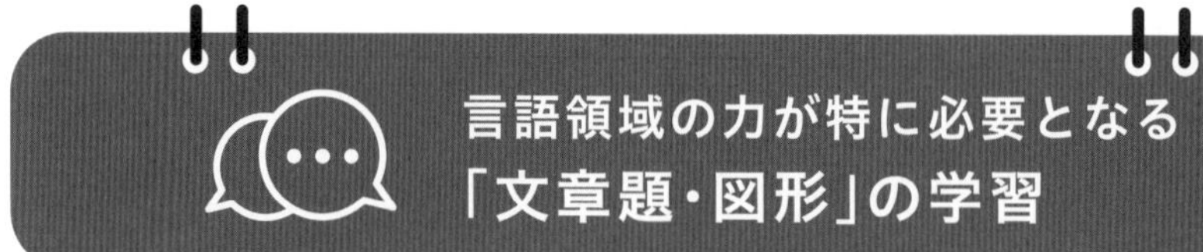

言語領域の力が特に必要となる「文章題・図形」の学習

算数の学習ではワーキングメモリの言語領域を必要とする内容がたくさんあります。ここでは、「文章題・図形」について解説します。

文章題

文章題では「読み」が必要になるため、常にワーキングメモリの言語領域の働きが求められます。短い文章題では文と文の間で推論を行って必要な情報を補ったり、長い文章題では必要な情報だけを抜き出して覚えておく必要があり、言語領域の働きが求められるのです。

算数固有の言い回しや、新しい図形の名前、概念の名前が文章中に現れるため、それらのまだ親しみのない言葉を保持しながら、さまざまな計算処理を行うことにも言語領域の働きが求められます。

文章題を読んで計算処理しているときは、文章に書かれていた内容を覚えておく必要があります。また、試行錯誤するときは、いくつかの試した条件を覚えておきながら他の条件を試してみる必要があります。こうした情報の保持と処理がワーキングメモリの働きです。

文章題に取り組んでいるときは、習った内容を思い出しながら、今読んでいる文章題に当てはまるのかどうかを確かめます。学習済みの知識と新しい場面とをワーキングメモリ上で比較することにも言語領域の働きが必要でしょう。

また、最後に答えを書くときは単位を忘れないようにすることなども、計算をしながら覚えておかなければなりません。

このように、文章題では全体的に言語領域の働きが求められます。学年が低いとき、あるいは学習の最初の段階では視空間領域の働きも求められることが多いのですが、学年が高くなり複合的な学習になると、言語領域の働きがより求められるようになります。

図形の問題

図形は視空間的な情報ですが、それを使った問題解決には言語領域の力が必要とされます。

例えば、図形の問題で図形を分析するときに、文章によって指示された内容を覚えておきながら考えていく必要があります。

また、図形に書かれている数字を覚えておいて計算に使用したり、計算をしながら図形の何を処理しているのかを覚えておく必要があります。

図形の名前を覚える学習や、図形をどんな順番で分析し、計算するのかといった手順を覚えておくにも言語領域の働きが必要です。また、図形を図形のまま視空間的な情報として覚えておくよりは、図形の「1、2」や「A、B」「三角形と四角形」のように言語的な情報に変換するほうが覚えておきやすいこともあります。

このように図形問題といっても言葉と切り離せるものではありません。言語領域の働きは、いつも求められるといえるでしょう。

視空間領域に弱さがある場合の算数でのつまずき例

❶ 図形の分解、合成が難しい

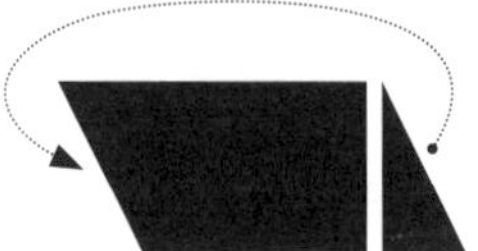

低学年で求められる図形の分解や合成だけでなく、中学年、高学年になると新しい図形の理解、概念の理解や面積を求めたりする中で図形の分解・合成を行うため、そこで困難を示すことがあります。

❷ 文章題を読めても状況をイメージするのが難しい

> バスに　おきゃくさんが　7人　のっていました。
> 5人　おりて、3人　のりました。
> いま、おきゃくさんは　なん人　のっていますか。

視空間領域に弱さがあると、文章題の表す状況をうまくイメージできないことがあります。状況を絵に描かせようとしても、自分ではできず、支援者に言われるままに描くことがあります。

❸ 立体認識が苦手

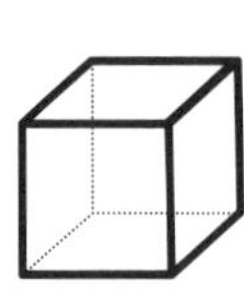

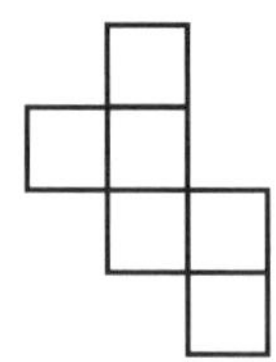

空間の認識に苦手さがあり、上から見た形、反対側の面や辺を捉えたり、対角線を認識したりすることが難しい場合があります。また、展開図を描いたり選んだりすることや、立体の体積を求めるときに、計算に必要な辺がわからないことがあります。

❹ 作図が難しい

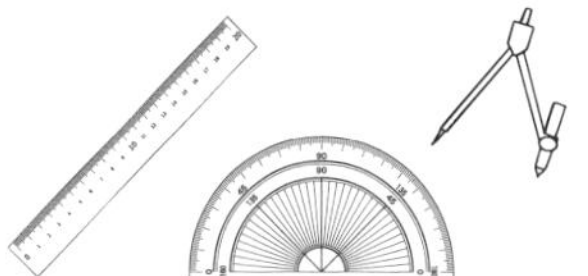

不器用さがあってうまく操作できない場合もあります。また、描くための図形や、どこまでコンパスを動かすのかイメージができなかったり、分度器を操作しているときに位置がずれたりすることがあります。

❺ 問題を図や絵で説明すると、余計にわからない

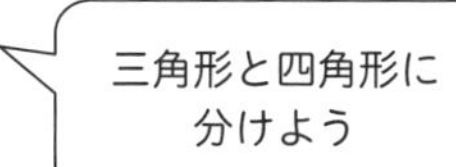

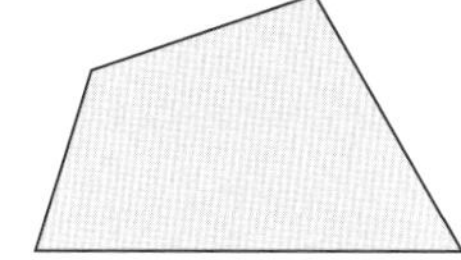

視空間領域に著しい弱さがある場合、わからない問題を図や絵で説明すると、さらに混乱することがあります。支援者が説明する図の動きについていけないようです。

❻ 座標を理解することが難しい

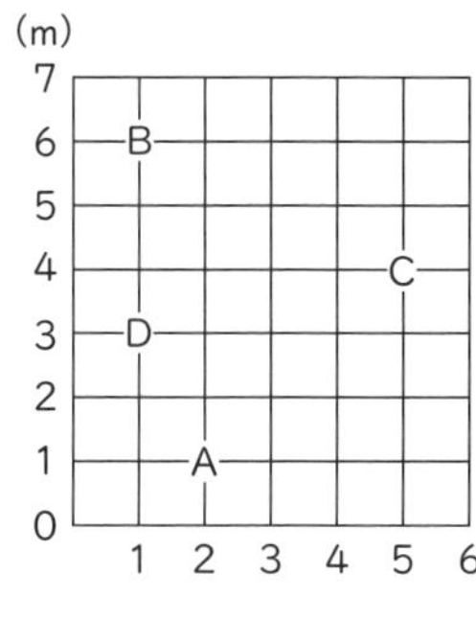

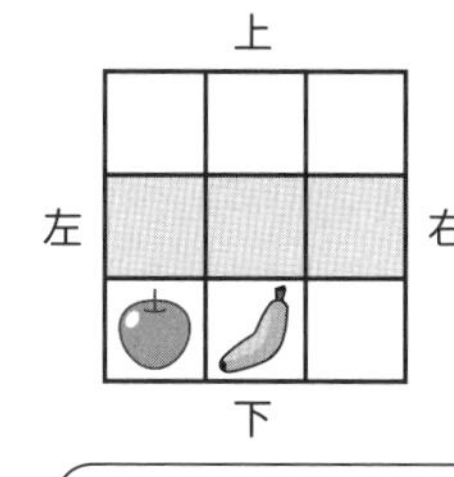

上から3ばんめ、
左から2ばんめ

視空間領域に弱さがあり、位置を覚えることや、位置を座標に置き換えて捉えることに困難がある子どもがいます。

視空間領域の力が特に必要となる「文章題・図形」の学習

ワーキングメモリの視空間領域も算数の学習に関わっています。ここでも、「文章題・図形」について解説します。

形を捉える

ひし形と平行四辺形のちがいは？

どこが直角？

複数の図形が同じかどうかを判断したり、直角を判断したりするためには視空間領域の働きが必要です。図形を扱う文章題でも形を捉える場面が多くあります。

形を操作する①

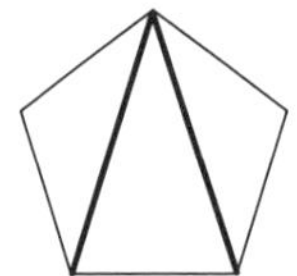

内角の和を求めましょう

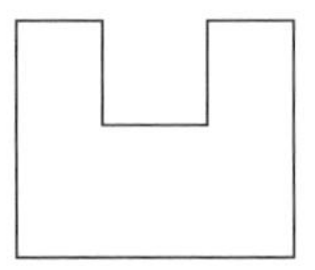

面積を求めましょう

視空間領域の働きを使って、図形を分解したり、分解した図形を頭の中で動かしたりします。図形を扱う文章題や角度、面積、体積の問題などたくさんの場面で形を操作する経験が必要です。

長さや広さを捉える①

長いのはどっち？

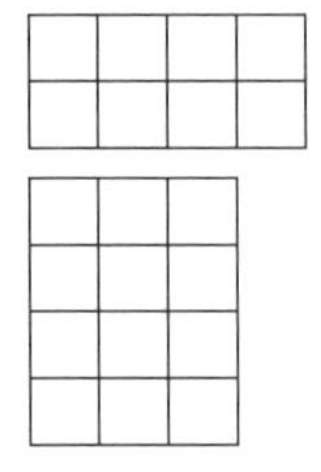

広いのはどっち？

長さや広さを視覚的に捉えることにも、視空間領域の働きが必要です。こうした力を基にして、算数ではさらに㎝やm、㎞などの長さや面積、単位あたりの量の学習にもつなげていきます。

動きを捉える

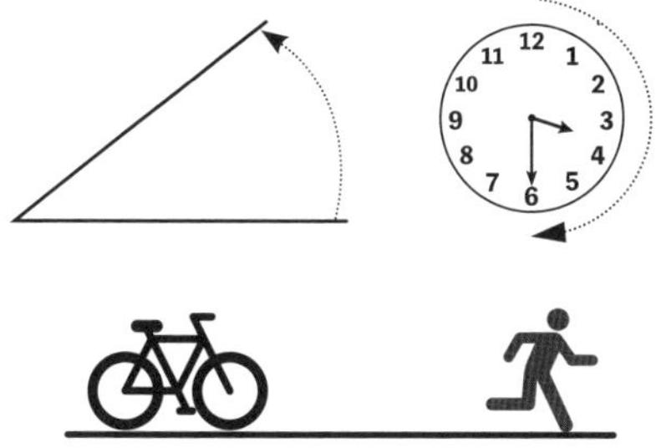

角度の理解のために線を動かしたり、時計の理解のために針を動かしたり、文章題で走る人と自転車に乗る人の移動した距離を比べたり、ものさしや分度器、コンパスの操作を見て覚えたりするために、視空間領域の働きが必要です。

形を操作する②

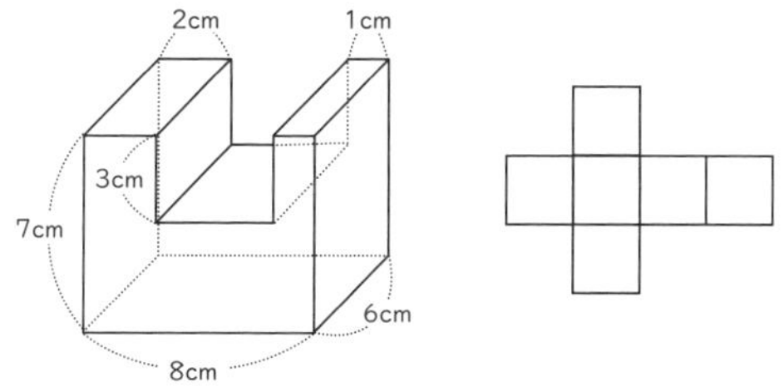

立体の問題では形を捉えるだけでなく空間的に把握する必要があり、展開するとどの面とどの面が対応するのかなど、空間的な関係性を理解することに視空間領域の働きが必要です。

長さや広さを捉える②

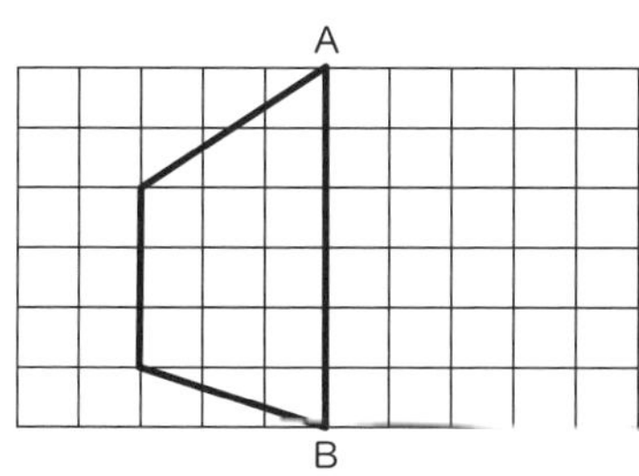

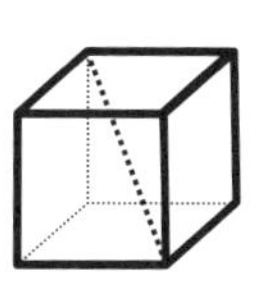

位置の情報を記憶するためにも、視空間領域の働きが必要です。線対称では図形の頂点に対応する点を特定します。また、立体の対角線でも、頂点と頂点の位置を把握する必要があります。

5 数量処理に弱さがある場合の算数でのつまずき例

❶ 計算が苦手で文章題の解決に至らない

ある数から　8をひくと、
6に　なります。
ある数は，いくつですか。

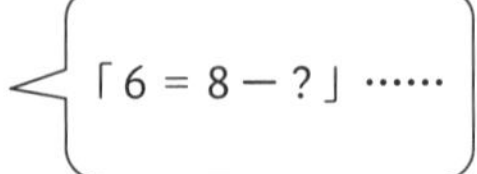

数量処理に弱さのある子どもでは、計算障害によって文章題の解決ができないことがあります。概算の困難で立式の見通しが立てられないこともあれば、立式はできるが計算の困難によって正答に至らないこともあります。

❷ 図形が表す量を理解しにくい

数量処理が数と量の結びつきであることから、図形とその面積の関係や、角と角度の関係について理解することが難しいことがあります。それに関連する文章題にも困難を示します。

❸ 概念が表す量を理解しにくい

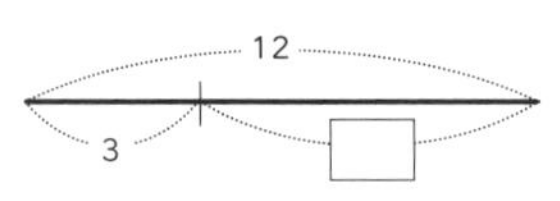

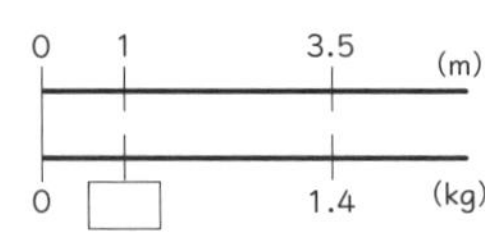

問題文が表す状況を整理するために、グラフや線分図にして表したり、1あたりの量という概念を2つの数直線によって表したりします。こうした数とその量に伴う概念を理解しにくいことがあります。

5 数量処理の力が特に必要となる「文章題・図形」の学習

ワーキングメモリは算数以外の学習にも用いられるため、「領域ゼネラル」な働きと呼ばれます。一方、数量処理は、数の処理に関わっているため、「領域固有」と呼ばれ、算数の学習に直接関わる働きです。

図形の中の図形の個数、グラフの表現

数量処理に弱さのある子どもでは、下のような課題で弱さを示すことがあります(参考:熊谷・山本、2019)。これは、数と量の関係がうまく結びついていないのです。

3

?

すると、次のような図形問題でも弱さを示します。

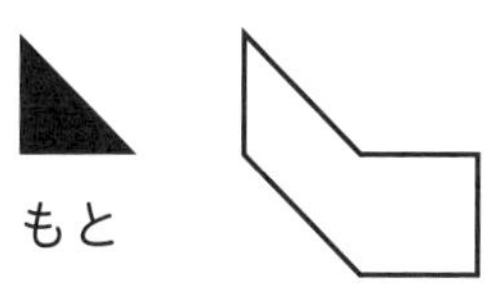

元の黒い図形が白い図形の中にいくつ入るか、という問題で著しい困難を示す子どもに出会います。パズルなら得意なのに、見るだけではできない子どももいます。こうした「数」が関わる問題は、数量処理が必要です。

また、次のような「けんたくんは、たろうくんの何倍でしょうか」という表現の理解に困難を示します。

たろう

けんた

補助線があればすぐにわかりますが、このような連続量での表現は理解しにくいのです。このため、支援者が「わかりやすくしよう」と考え、グラフ的な表現をすると、子どもにとっては逆にわかりにくいことが起こります。

こうしたことから、数量処理は図形や倍の概念の学習にも影響することがわかります。

内包量の問題

数量処理に弱さのある子どもでは、以下のような課題で弱さを示すことがあります。数と量の関係や、数と数の相対的な位置関係がうまく結びつかないのです。

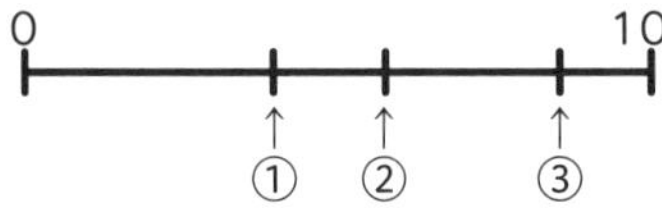

このような症状を示す子どもでは、内包量の問題で困難を示すことがあります。内包量とは、単位あたり量、割合、百分率、速度など、わり算によって表される問題です。例えば、同じ広さの部屋に、10人いる場合と25人いる場合では人数が多いのは後者ですが、もし広さがそれぞれ10畳と50畳ならば、混んでいるのは前者ということになります（1人あたりの畳がそれぞれ1畳と2畳になる）。

このように、内包量では単位を揃えて比較するために、以下のような2本の数直線で表されます。最初に上げた1本の数直線でも数と数の相対的位置がわかりにくいのですから、2本になると、さらにわからないのです。

このような子どもの困難から、内包量の理解には数量処理が求められることがわかります。

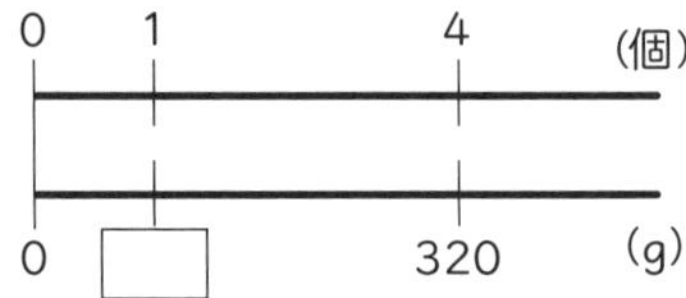

線分図と複雑な面積・体積

数量処理に弱さのある子どもでは、数の分解を表す線分図の理解に困難を示すことがあります。すると、文章題を次のような線分図に表す問題でも苦手さを示すことがあります。本来は、子どもの理解を助けるはずの線分図やテープ図の表現が逆にわかりにくいことがあるのです。

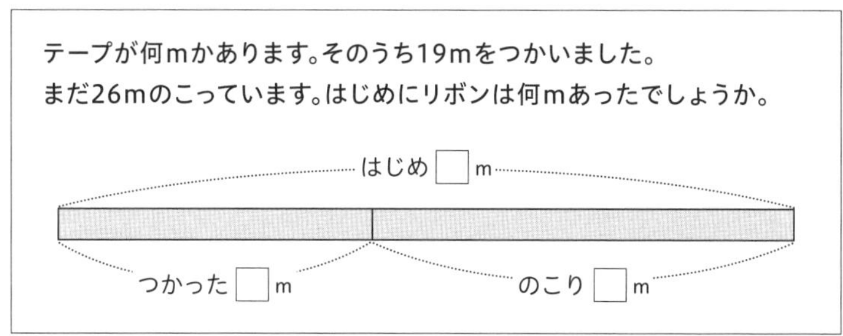

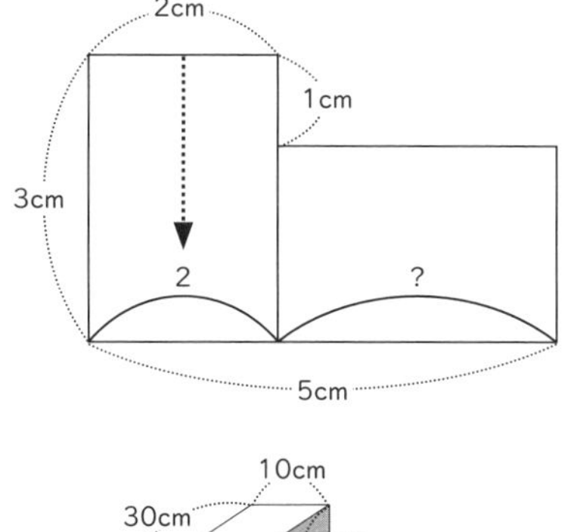

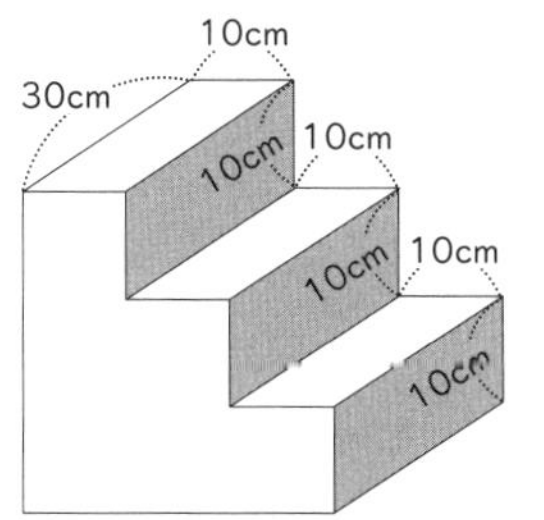

複雑な形をした図形の面積を求める問題は、一見、線分図とは異なるように見えますが、図形を分割して辺の長さを求めようとするときに線分図が発生し、数量処理に弱さのある子どもが理解に困ることがあります。

空間的な認識が必要な体積の問題でも、こうした数量処理が要求されます。さまざまな問題の根底にこうした側面があります。

図形の問題は空間認識として捉えられがちですが、多くの場合は数と量の関係を扱うので、数量処理が必要となります。

「文章題・図形」の学習における
ワーキングメモリチェックリスト

子どものワーキングメモリや数量処理の特徴をつかむため、当てはまる項目に☑をしてみましょう。

ワーキングメモリ(WM)の言語領域が弱いと・・・

- □ 初めて聞く言葉の復唱が苦手である。
- □ 字を読むことに苦手さがある。
- □ 九九を覚えられない。唱えて覚えることが著しく遅い。
- □ 算数の用語を覚えにくい(例:平行四辺形のような長い言葉を覚えにくい。直径、直角、垂直、長方形のように似た音がある言葉を間違える)。
- □ 暗算で間違いやすい。
- □ 暗算で間違えやすいのに、書くことを嫌がり暗算で解こうとする。
- □ 問題文を読むことはできるが、文の示す意味がわかりにくい。
- □ 問題や問題の解き方について、大人が説明を始めると途中からわからなくなる。
- □ 読んだ問題文の内容を、問題文にある図形に当てはめて考えることが難しい。
- □ 問題文を解決する手順を言葉で覚えにくい。
- □ 問題を解いているとき、◯やx(エックス)などの記号が何を表していたのかを忘れる。

ワーキングメモリ(WM)の視空間領域が弱いと・・・

- □ 図形の形を認識しにくい。図形を区別しにくい。
- □ 立体を頭の中で操作したり、イメージしたりすることが難しい。
- □ 立体を展開しにくい。
- □ 図形や立体、辺や面の数を数えるとき、ダブルカウントや数え飛ばしをする。
- □ 視野に入る情報が多いと混乱する(例:分度器の中の数字を選び間違える、図形の中の数字や線に混乱する)。
- □ 小学生になっても「左と右」をすばやく判断できない。
- □ 物をしまう場所を覚えにくい。

□ 絵を描く、パズルをする、ブロックで立体を作ることのいずれか(または複数)がとても苦手である。
□ ものさし、三角定規、分度器を操作している間に位置がずれる。
□ 角度の大きさ(どちらが大きいか)を判断しにくい。
□ 面積の問題で図形を分解したり合成したりすることが難しい。
□ 規則的に変化する図形の変化を見つけにくい。
□ 作図の際に三角定規の組み合わせ方、移動のさせ方の手順を覚えにくい。
□ 直径や半径がどのようなものか覚えにくい。
□ 作図で図形を正確に描けない。
□ 図形に関する文章題が難しい。
□ 図を用いて説明すると、図の理解を難しく感じている様子だ。
□ 問題文が表す状況をイメージしにくい。
□ 文章題を解くときに試行錯誤することが難しい。

数量処理が弱いと・・・

□ 小学校中学年になっても、たし算やひき算で指を使わないと計算ができない(ひざの上や机の上で少しだけ指が動いているものも含む)。
□ 同じ年齢の子どもに比べると、「3と5」「45と58」のような数の大小がすばやくわからない。
□ 時速や%、1あたりの量などの概念の理解が難しい。
□ 文章題を読んで加減乗除の立式の判断をすることが難しい。
□ 計算間違いをして明らかに違う答えが出ても気づかない。
□ 図形や立体、辺や面の数を概数で把握しにくい。
□ 面積の大きさを比較しにくい。
□ 面積の問題で図に書かれている数を不要なものも含めて計算する。
□ 角度がどのくらいか、あたりをつけにくい。
□ 30度の角度を、分度器で間違って150度と読み取っても気づかない。

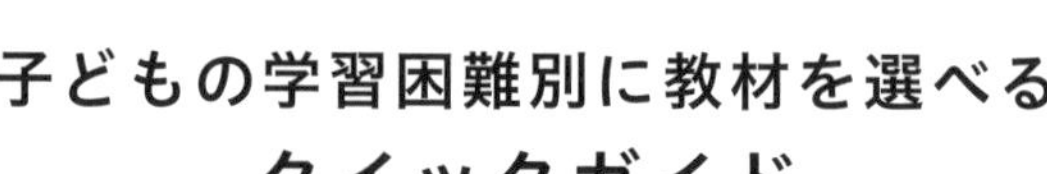

子どもの学習困難別に教材を選べる クイックガイド

【全体図】 視空間領域に弱さ　言語領域に弱さ　数量処理に弱さ

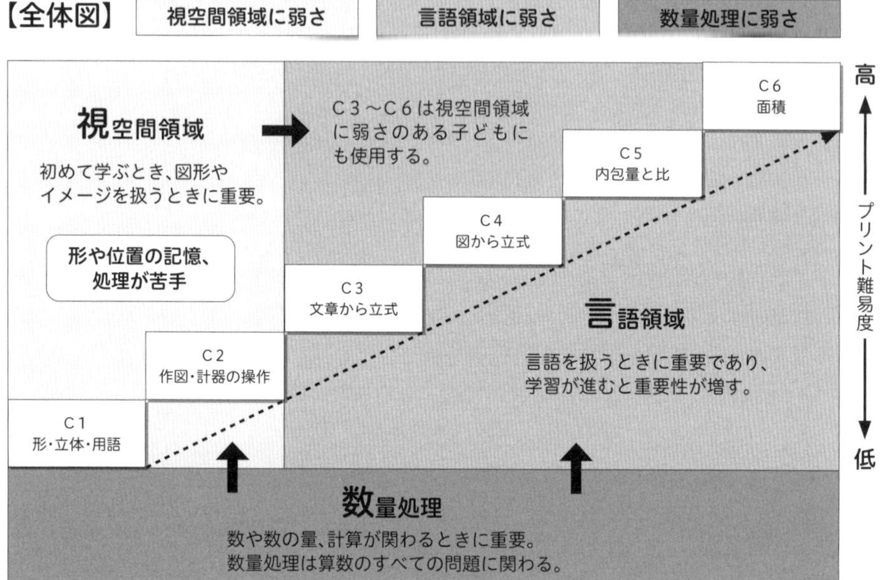

C１～C６はプリント番号で、徐々に問題が複合的になるため難易度が高くなっていく。

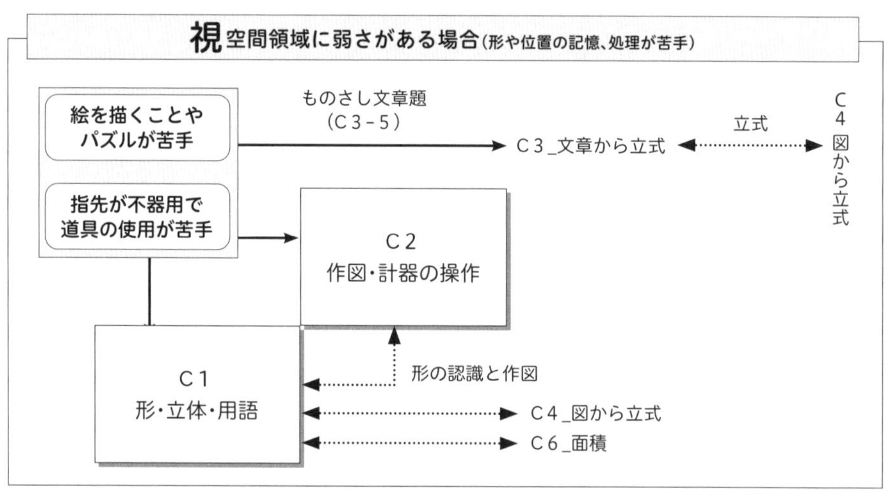

プリントC１・C２は、C３～C６の基礎になるため、C３～C６ができないときはC１・C２も併せて取り組む。

本書で紹介しているプリント（C１～C６）に、ワーキングメモリの視空間領域や言語領域、数量処理がどのように関わっているのか、【全体図】を踏まえて子どもの苦手さに応じたプリントに取り組んでいきましょう。

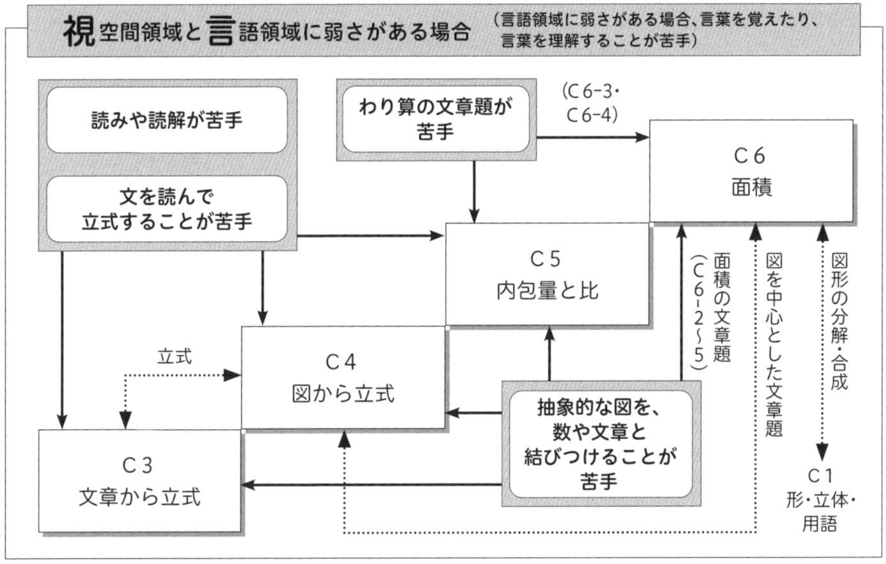

プリントC３・C４は、C５・C６の基礎になるため、C５・C６ができないときはC３・C４も併せて取り組む。

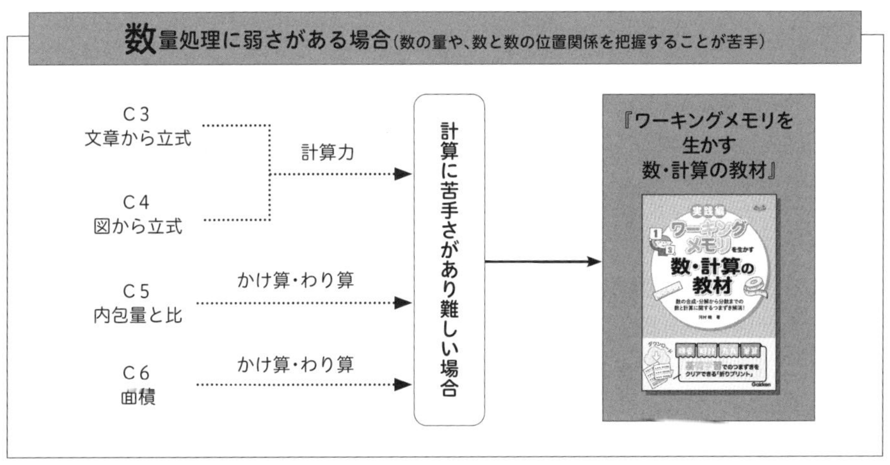

数や量の理解や計算に関する苦手さがある場合には、同シリーズ書籍『ワーキングメモリを生かす数・計算の教材』にも取り組むとよい。

プリントデータ 一覧

【C.問題解決】

カテゴリ	学習内容	プリント名	プリント番号	解説ページ
C1 形・立体・用語	形や立体を作る	図形あてゲーム	C1-1-P1～P9	P30
		立体あてゲーム	C1-1-P10～P12	
	図形の名前のルール	三角四角弁別	C1-2-P1～P3	P36
	図形の分解・合成	図形の移動	C1-3-P1	P40
		図形の中の角度	C1-3-P2	
	立体の個数を数える	立方体数え	C1-4-P1	P44
		立体個数	C1-4-P2	
	図と地の弁別や回転	図形線引き	C1-5-P1	P48
		図形の分解	C1-5-P2	
	ターゲットに注意を向ける、切り替える	視点を変えて分解	C1-6-P1	P52
	図形を分類し、変形して学習する	図形の変形	C1-7-P1～P2	P56
	図形の用語の音、図が表す意味	ことば書き　へいこうしへんけい	C1-8-P1	P60
		直径・半径弁別	C1-8-P2	
C2 作図・計器の操作	計器を操作する意味	分度器の練習	C2-1-P1～5	P64
	線で形を構成する	点図形描写	C2-2-P1	P68
		正方形・長方形をかく	C2-2-P2	
	コンパスで弧を描き作図の一部に使う	星コンパス	C2-3-P1	P72
		ダイヤの場所	C2-3-P2	
		少しだけコンパス	C2-3-P3	
		三角形作図	C2-3-P4～5	
	分度器による作図	角度分度器あて	C2-4-P1　※	P76
		分度器角度作図	C2-4-P2　※	
	計器を組み合わせて作図する	三角形分度器作図	C2-5-P1　※	P80
		ひし形作図	C2-5-P2　※	
C3 文章から立式	さまざまな視点から文章題を学ぶ	文章題クイズ用紙	C3-1-P1	P84
	3つの数がある文章題	加算文章題	C3-2-P1	P88
		加算文章題 3つの数	C3-2-P2	
	状況をイメージしながら文章題に取り組む	乗算文章題	C3-3-P1	P92
		加算乗算文章題	C3-3-P2　※	
		余りのある除算文章題1～4	C3-3-P3～6	
	問題の最初や途中に未知数がある文章題	未知数文章題視覚的方略	C3-4-P1	P96
		未知数文章題言語的方略	C3-4-P2	
	少しずつ情報を追加して本質を理解	ものさし文章題1	C3-5-P1	P102
		ものさし文章題2	C3-5-P2	
	自分で問題に取り組む手がかりを学ぶ	算数文章題フォーマット	C3-6-P1	P106

※同じプリント番号で2枚あります

本書では出力してすぐに使えるプリントデータをPDF形式で提供しています。専用のサイト(URL等は28ページを参照)からダウンロードし、プリントアウトして使用してください。

カテゴリ	学習内容	プリント名	プリント番号	解説ページ
C4 図から立式	問題の意味を理解して長さを計算する	周りの長さ	C4-1-P1	P110
		周りの長さの比較	C4-1-P2	
	必要な情報に注目して問題解決	円文章題	C4-2-P1	P114
		箱と球	C4-2-P2	
		円と円	C4-2-P3	
		円の応用	C4-2-P4	
	具体的な変化を見て意味を理解する	のりしろ文章題	C4-3-P1	P120
		□と○の計算文章題	C4-3-P2	
	少しずつ情報を追加して規則性を理解	規則性のある問題1	C4-4-P1	P126
		規則性のある問題2	C4-4-P2	
C5 内包量と比	内包量に関わる情報整理	内包量情報整理	C5-1-P1	P130
	加算・乗算を基礎にして倍を理解する	内包量と倍1	C5-2-P1	P134
		内包量と倍2	C5-2-P2	
		内包量と倍3	C5-2-P3	
		内包量と倍フォーマット	C5-2-P4	
Step Up	比の学習	比の概念	C5-3-P1	P142
		比の利用1	C5-3-P2	
		比の利用2	C5-3-P3	
		比の利用3	C5-3-P4	
C6 面積	ゲームを通して面積の感覚をつかむ	ペーパーブロック	C6-1-P1	P144
	安心して式を使えるよう面積の意味を理解する	四角形面積概念	C6-2-P1	P148
		三角形面積概念	C6-2-P2	
		円の面積概念	C6-2-P3	
	図形を分解・操作する	複雑な形の面積1	C6-3-P1 ※	P152
		複雑な形の面積2	C6-3-P2	
		円柱の表面積	C6-3-P3	
	学習済みの内容を組み合わせた応用問題	辺の倍と面積の倍	C6-4-P1	P158
		面積と辺の長さ	C6-4-P2	
		複合的な面積の問題	C6-4-P3	
Step Up	面積の応用問題	面積応用問題1	C6-5-P1	P164
		面積応用問題2	C6-5-P2	

COLUMN	似ている概念の用語を区別する	距離と道のりの概念	C4-5-P1	P165
		距離と道のりの文章題	C4-5-P2	

プリントデータの活用方法

本書の「折りプリント」は約90枚あり、そのPDFデータを、専用のサイトからダウンロードして使うことができます。26ページの「プリントデータ 一覧」ページでプリント名とプリント番号を参照してください。

プリントデータを専用サイトで取得する方法

①パソコンやタブレット端末などで、以下のURLにアクセスし、Gakken IDでログインしてください。
https://gbc-library.gakken.jp/
★Gakken IDをお持ちでない方は、Gakken IDの取得が必要になります。
詳しくはサイト内でご紹介しています。
②Gakken IDでログイン後、「コンテンツ追加」をクリックしてください。
③「コンテンツ登録」の下の空欄に、以下のID・パスワードを入力してください。

ID: pcnuc　　PW: 66r7kc8w

④画面の右にある「コンテンツへ」をクリックすると、ダウンロードできるプリント教材が出てきます。

【ご注意ください】

●本書『ワーキングメモリを生かす文章題・図形の教材』をご購入いただいた方のためのサイトです。
※図書館貸出や譲渡された方はご利用いただけません。
●印刷してご利用になる際には、A4サイズの紙をご使用ください。
●データの使用には、PDFを利用するためのアプリケーションソフトが必要となります。
お客様のインターネット環境およびプリンターの設定等により、データをダウンロード・表示・印刷できない場合、当社は責任を負いかねます。
●ダウンロードは無料ですが、通信料はお客様のご負担になります。

プリントの使い方 C

問題解決

　算数の学習内容は単一ではなく複数の要素に分かれていて（Dowker、2023）、ある要素は得意で別の要素は苦手ということが起こります。本書にも図形や文章題など、異なる種類の問題が含まれていて、子どもによって得意・不得意があるでしょう。
　一方で共通点もあります。図形を分解するときは、今必要な形や線の情報に注意を向け、それ以外の不要な情報は抑え込む（注意を向けないようにする）必要があります。さらに複雑な問題では、今処理した情報に新しい情報を付加していきます。
　そのような力を基礎として、文章題では文章を読んで自らイメージを生成し、それを処理していきます。ここでもやはり今必要な情報に注意を向け、他の情報は抑え込んでいきます。処理済みの情報に新しい情報を付加したり、情報から情報へ注意を切り替えたり、情報と情報を比較したりします。

　本書ではこうした共通点に目を向けた支援方法を中心に紹介しています。情報を少しずつ処理し付加し統合する「折プリント」はその一例です。異なる要素の問題に含まれる共通点に着目して支援を行ってみてください。その上で、相違点にも配慮していくとよいでしょう。

C1-1

学習内容

形や立体を作る

形や立体の認識

こんな子に

形や立体を見て捉えるのが苦手

こんな支援を

言葉をヒントに取り組めるようにする

WMに関する困難

視空間領域

・平面図形（形）や立体図形（立体）を分解することが苦手。

数量処理

複雑な形や立体になると、基本となる形・立体の何個分になっているのかわからない。

弱さに配慮し強さを生かした支援

●短所補償

・子どもが答えの正誤判断をしやすいように工夫します。
・分解された状態から図形や立体を構成していきます。

●長所活用

・図形や立体を、数字や言葉で表現（名前をつけて）して認識しやすくします。

スモールステップ

・見本を見ても答えが合っているかどうかわからない子どもがいます。最初は枠に図形をはめ込んだり、正解の図形を描いた透明シートを図形に重ねたりして正解かどうかを確かめられるようにします。
・前後の学習との関連性を意識しながら少しずつ学習を進めます。

形の認識を育む遊びや学習

■タングラム（子ども用の簡単なもの）

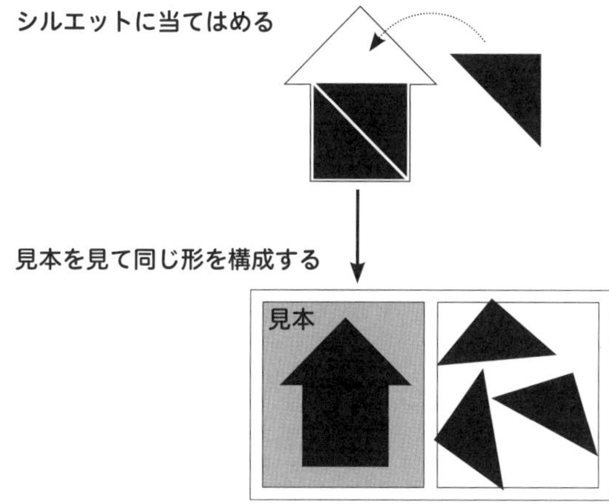

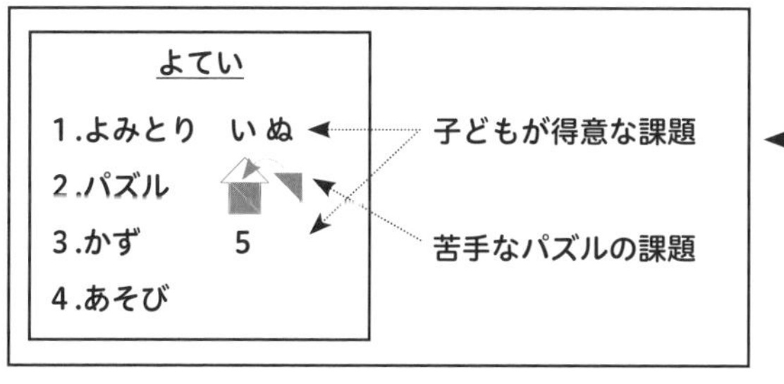

タングラムは古代中国で生まれたともいわれるパズルの仲間です。
四角形の厚紙を切り分けて自作したり、市販のタングラムを活用してもよいでしょう。

視空間領域に弱さがある子どもでは、こうした課題を自分で楽しむことがなく、とても簡単な課題でも困難を示すことがあります。

学習課題を設定するときは、苦手な課題と得意な課題を組み合わせて、嫌にならないようにします。

見本を見ても合っているかわからないとき

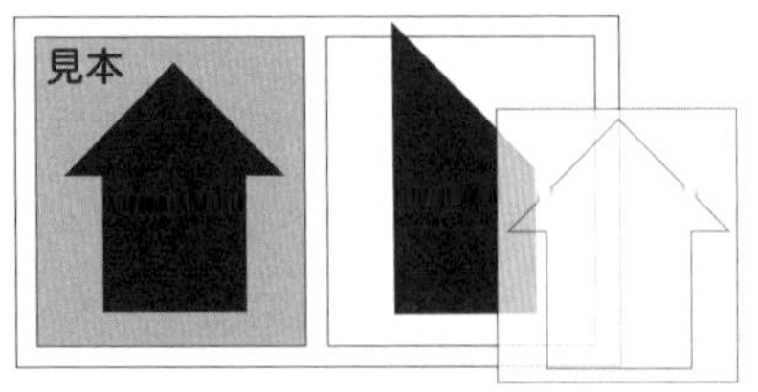

見本を見ても合っているかわからないことがあります。透明なクリアシートなどに、正解の枠をなぞって当てるようにすると、視空間領域の弱さを補うことができ、わかりやすくなります。

最近はタブレットのアプリでも学習できますが、具体物での操作の感覚は大切です。具体物とタブレットのよさを考慮して、うまく組み合わせます。

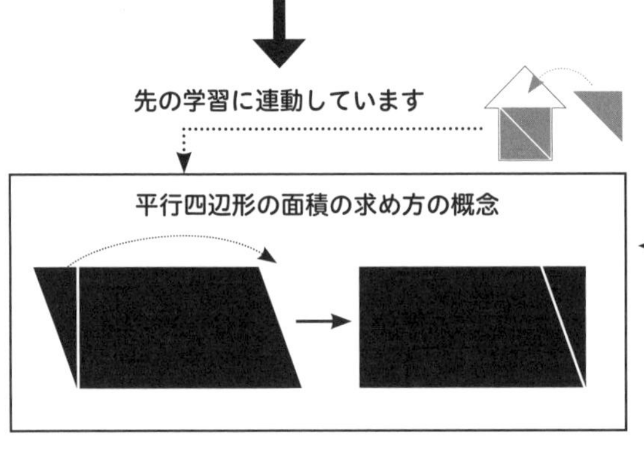

このような図形の分解や合成は、先の学習で大切なものになります。例えば、平行四辺形の面積の求め方は、一度長方形に変形して考えます。

■ジオボード

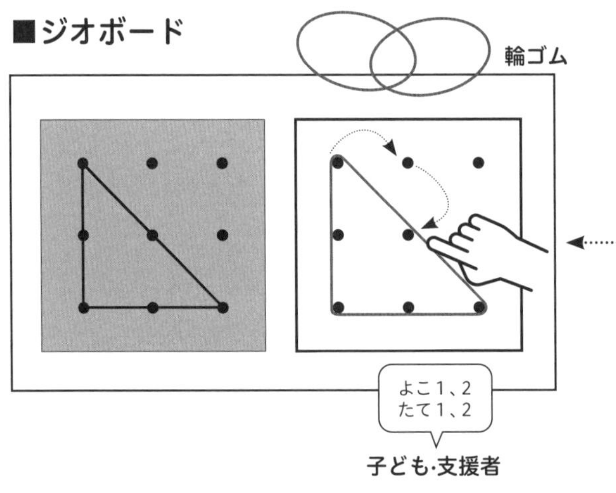

ジオボードは板の上に打たれた釘に輪ゴムをかけて、見本と同じ形を作ります。
視空間領域に弱さのある子どもにとって、斜めは難しいものです。「よこ1、2。たて1、2」などと言語化して斜めに輪ゴムをかけます。

■数量バー

サイズだけを頼りに当てはめる

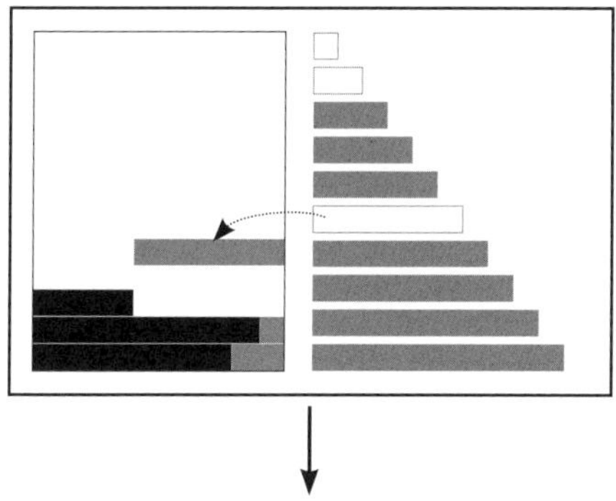

数量バーは、足して10になる数のバーを当てはめていきます。

最初の段階では、数字ではなくバーのサイズをヒントに当てはめる遊びをします。

バーを見て数字で答える

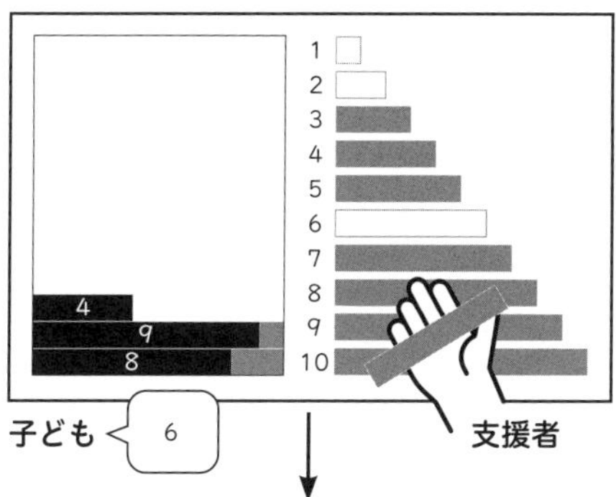

次の段階では、必要なバーを子どもが数字で答え、支援者がバーを手渡す手続きにします。

数字で聞き、数字で答える

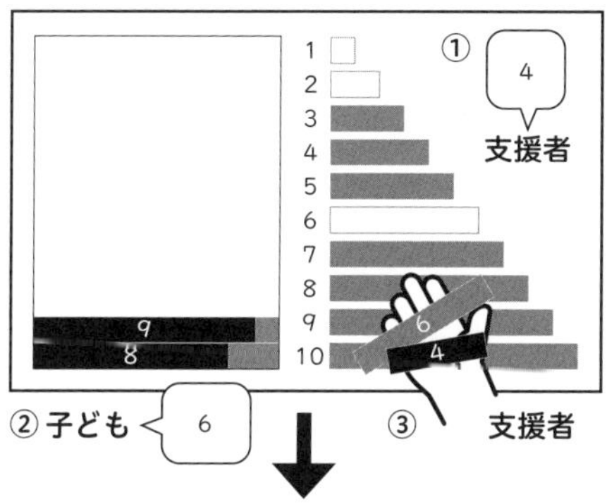

数の学習に連動します

最後の段階では、支援者が１つ目のバーの数字だけを子どもに伝えます。子どもは必要となるバーを数字で答えます。支援者は最初に伝えた数字のバーと、子どもが答えた数字のバーを同時に渡します。このように、徐々に視空間領域と数量処理をつなげていきます。

立体の認識を育む遊びや学習

■積み木

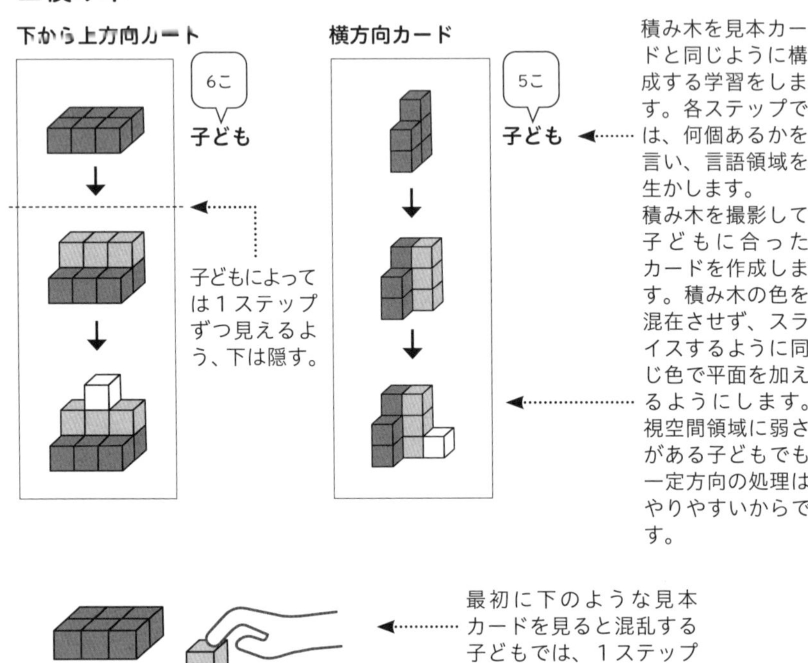

積み木を見本カードと同じように構成する学習をします。各ステップでは、何個あるかを言い、言語領域を生かします。
積み木を撮影して子どもに合ったカードを作成します。積み木の色を混在させず、スライスするように同じ色で平面を加えるようにします。視空間領域に弱さがある子どもでも一定方向の処理はやりやすいからです。

最初に下のような見本カードを見ると混乱する子どもでは、１ステップずつ見ながら積んでいきます。

■立体パズル

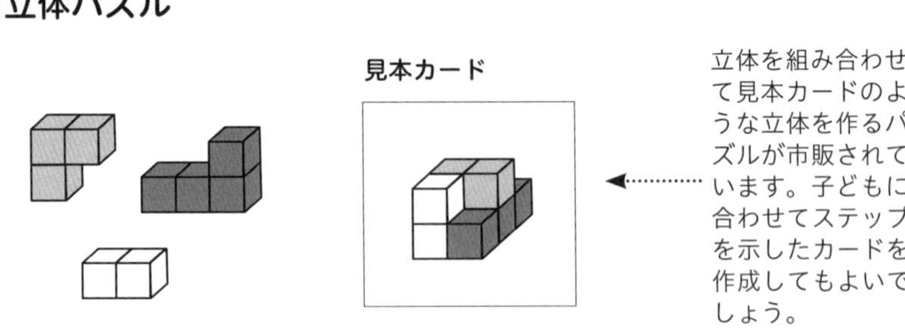

立体を組み合わせて見本カードのような立体を作るパズルが市販されています。子どもに合わせてステップを示したカードを作成してもよいでしょう。

※P31 ～ 34で紹介している学習方法のプリントはありません。

図形や立体を言語に変換する学習

[プリント C1-1-P1〜P12]

図形や立体を言語に変換しながら、形を認識しやすくする教材です。

■図形(P1〜P9)

問題カード

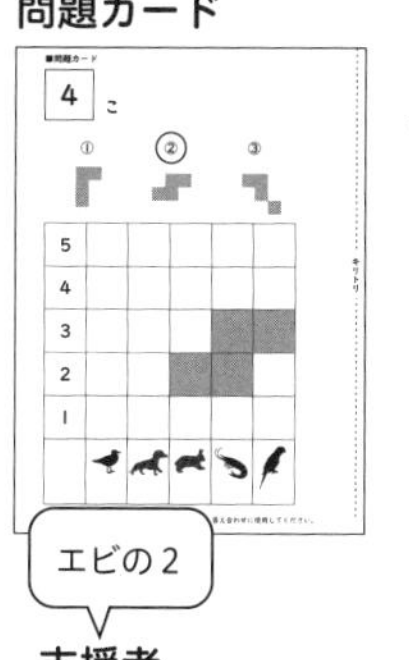

解答カード

中央のキリトリ線で切り、問題カードは子どもに見えないようにします。

エビの2

支援者

子ども

支援者は「エビの2」のように、座標に塗るマスを伝えます。子どもはそのマスを塗り、最後にどの形になったか○をして、図形が何個の■でできているか、数を書きます。塗らずに頭の中でイメージして解答する学習も行います。

■立体(P10〜P12)

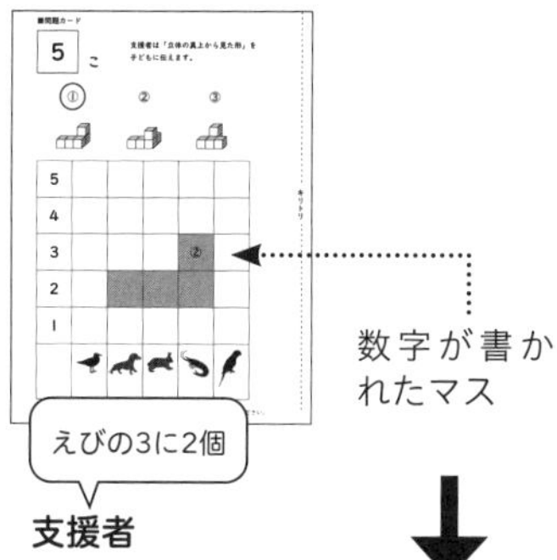

数字が書かれたマス

えびの3に2個

支援者

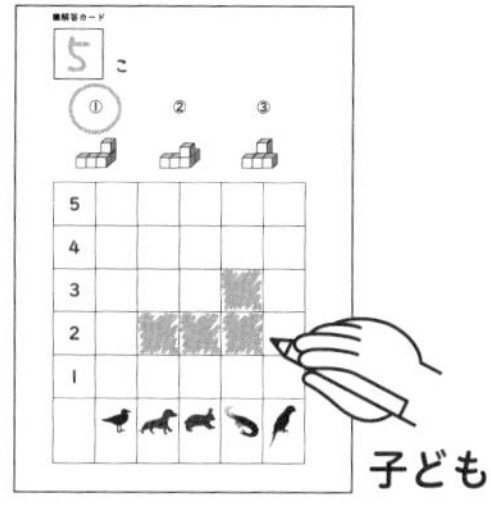

子ども

支援者は座標に塗るマスを伝えます。塗るマスは、立体を上から見た図です。
マスの中に書く数字は、その数だけ積み木が積まれていることを示しています。実際に積み木を積んでも、頭の中だけでイメージしても構いません。

座標や図形の学習につながります

ワーキングメモリの視空間領域に弱さのある子どもでは、このような学習に著しい弱さを示すことがあります。子どもの様子を見ながら、嫌にならないことを大切にして少しずつ進めましょう。

学習内容

C1-2 図形の名前のルール

形（線画）

こんな子に

形の名前を
おぼえよう。
かどが３つ
あるから、
さんかくけいだよ

言語的指示が通りにくい

こんな支援を

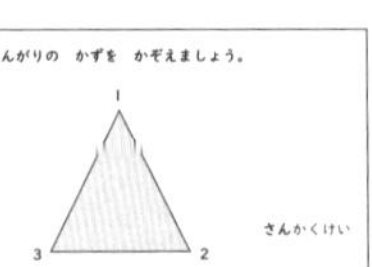

とんがりの　かずを　かぞえましょう。

1

3　2

さんかくけい

指示が必要のないプリントで学習する

WMに関する困難

言語領域

・指示を理解しにくい。

・複数の指示を受けると混乱する。

・間違えたと思うと、そのことで頭がいっぱいになり、パニックになる。

視空間領域

・図形の形の意味を、言語と結びつけて理解しにくい。

・なぞることはできるが、視写が苦手。

数量処理

立体が何個ぐらいあるかを判断することが難しい。

弱さに配慮し強さを生かした支援

●短所補償

・指示が複数あると理解しにくくなるので、できるだけ指示をすることなく、子どもが自分で答えを見ながら取り組めるようにします。

●長所活用

・手順に沿って取り組む力を生かして、手続きを示し、それに従って取り組めるようにします。

スモールステップ

・頂点の数を数えることで、図形の名前と結びつけます。妨害刺激(正解ではない項目)のある中で正解を選び、図形の名前を自分で思い出します。
・図形をかくときは、なぞり、視写、想起の順にヒントを減らしていき、次第に自分で思い出せるようにしていきます。

[プリント C1-2-P1]
P1では、図形の名前のルールを学びます。

●ステップ1～2

プリントの情報量(指示)が多すぎて混乱する場合には下半分が見えないよう、真ん中で折って使用します。

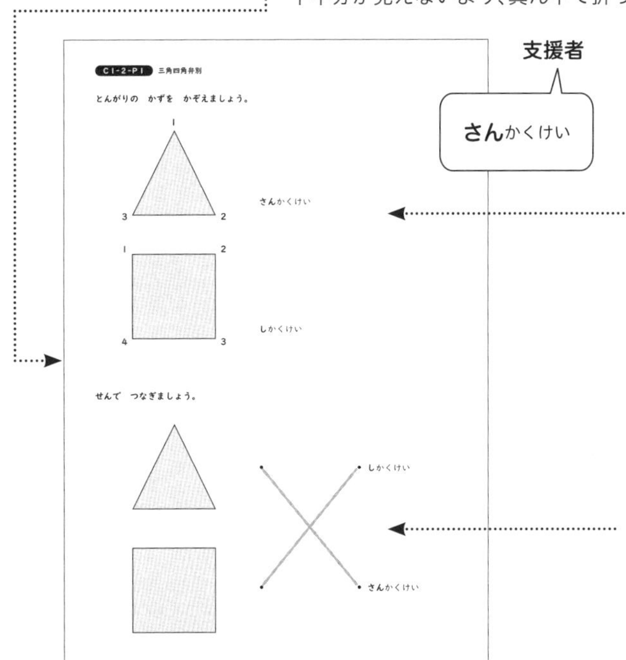

支援者

さんかくけい

❶図形の頂点の数がいくつあるかを数え、言語領域の働きを生かします。三角形の「さん」と四角形の「し」が頂点の数と同じであることを確認します。「し」と読むことに慣れていない子どもでは「いち、に、さん、し」の唱え方を確認します。

❷図形と、その名前を線でつなぎます。上半分のヒントがなくても答えられそうな子どもでは、プリントを折って上半分を見えないようにします。

［プリント C1-2-P 2］
P2では、図形の名前を思い出します。

●ステップ1-2

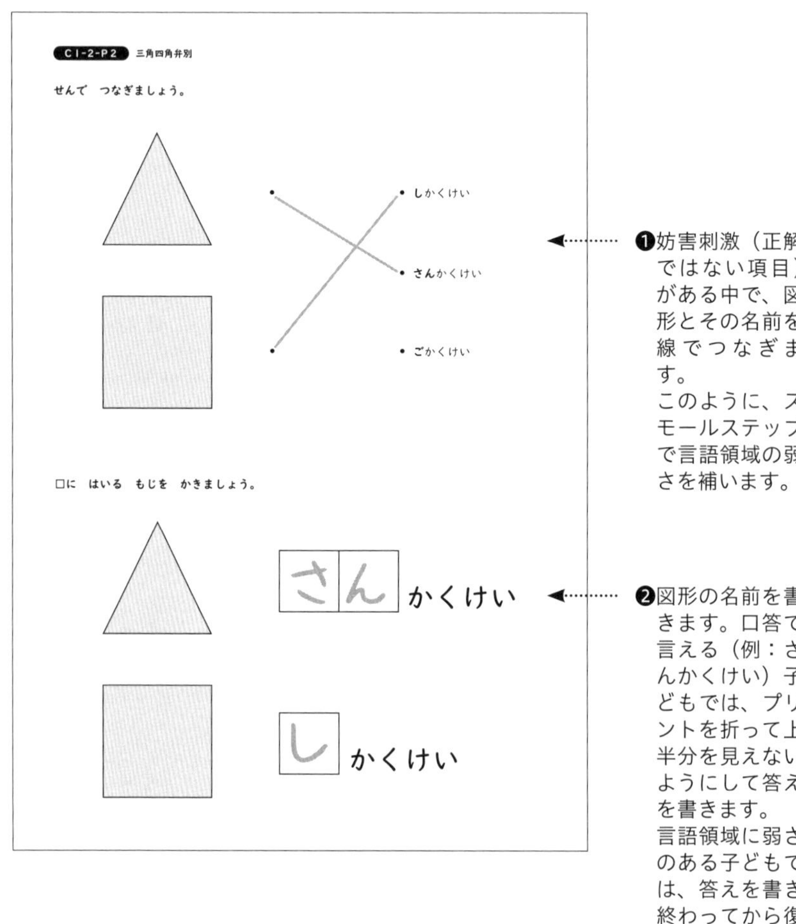

❶妨害刺激（正解ではない項目）がある中で、図形とその名前を線でつなぎます。
このように、スモールステップで言語領域の弱さを補います。

❷図形の名前を書きます。口答で言える（例：さんかくけい）子どもでは、プリントを折って上半分を見えないようにして答えを書きます。
言語領域に弱さのある子どもでは、答えを書き終わってから復唱します。

［プリントC1-2-P3］
P3では、図形をなぞり、視写します。

●ステップ1

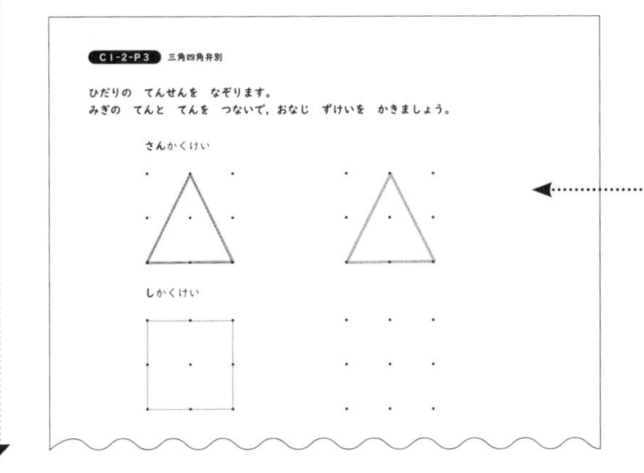

❶左側の図形を鉛筆でなぞり、次に右側に図形を視写し、視空間領域の弱さを連動で補います。必要であれば、「スタート」「みぎ」など言葉で指示することで言語領域を活用します。

●ステップ2

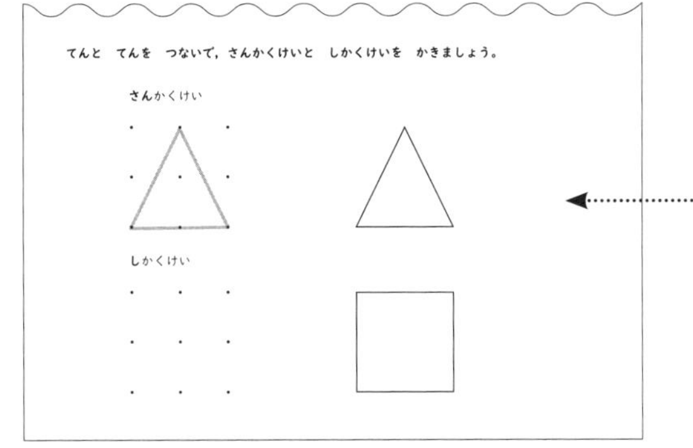

❷右側の図形を見て左側に図形をかきます。可能であれば、右側の図形を見ず自分で思い出してかきます。
右利きの子どもでは、ターゲットの図形が手に隠れて見えにくくしていますが、見ずにかける子どもや左利きの子どもでは、紙を折って右側を見えないようにします。

一度にたくさんのことを指示されると、それがワーキングメモリの負担となって混乱する子どもがいます。指示なしで学習するときはプリントの上半分が答え・ヒントになっている構造のプリントを使って、エラーレスで学習します。

C1-3

学習内容

図形の分解・合成

形(パズル)

こんな子に

図形を分解、変形することが難しい

こんな支援を

図形に言葉で名前をつける

WMに関する困難

視空間領域

・図形を小さな形に分解することや、移動することが難しい。

数量処理

図形が何個ぐらいあるかを判断することが難しい。

弱さに配慮し強さを生かした支援

●短所補償

・図形の分解・合成のプロセスを一つひとつ見せることで、全体をイメージしやすくします。

●長所活用

・図形に「ア」や「1」などの名前をつけて、言語で認識しやすくします。

スモールステップ

- 形に関する問題では、全体をイメージしてそれを分解することが求められます。それが難しい子どもでは、一つひとつのプロセスを示すことで理解しやすくなることがあります。
- その際、(ア)や(A)など、図形に名前をつける（言語的に符号化する）と、イメージすることが難しい子どもでも図形を認識しやすくなります。
- 形に関する問題の背景にある難しさに焦点を当てて、スモールステップ化していきます。

［プリント C1-3-P1］
P1では、平面の図形の分解や合成を行います。

●ステップ1

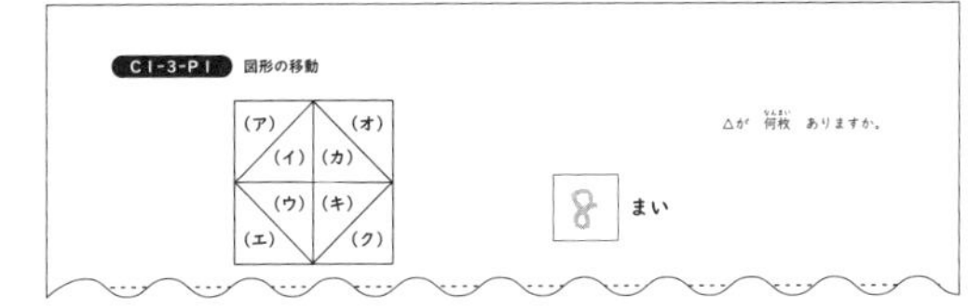

❶△が何枚あるかを数えて図形の分解を行い、△を認識します。(ア)(イ)など、△に名前をつけて数えることで数量処理や視空間領域の弱さを補います。

●ステップ2～3

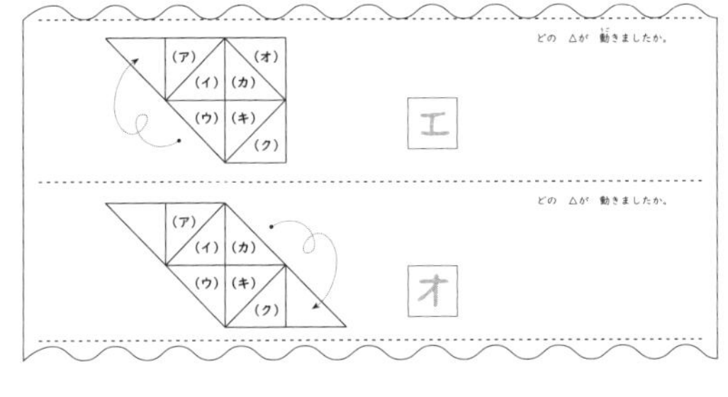

❷ステップ1の図形と見比べながら、動いた図形が何かを書きます。

❸ステップ2の図形と見比べながら、動いた図形が何かを書きます。

●ステップ4

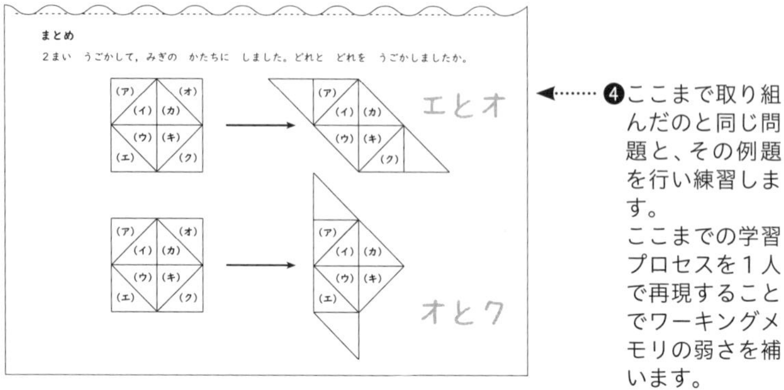

❹ここまで取り組んだのと同じ問題と、その例題を行い練習します。
ここまでの学習プロセスを1人で再現することでワーキングメモリの弱さを補います。

［プリントC1-3-P2］

P2で扱うのは内角の和で、P1より高い学年で学習します。基本的にやり方は共通で、P2でも同様に1つずつ図形を操作し、言葉で符号化しています。

●ステップ1

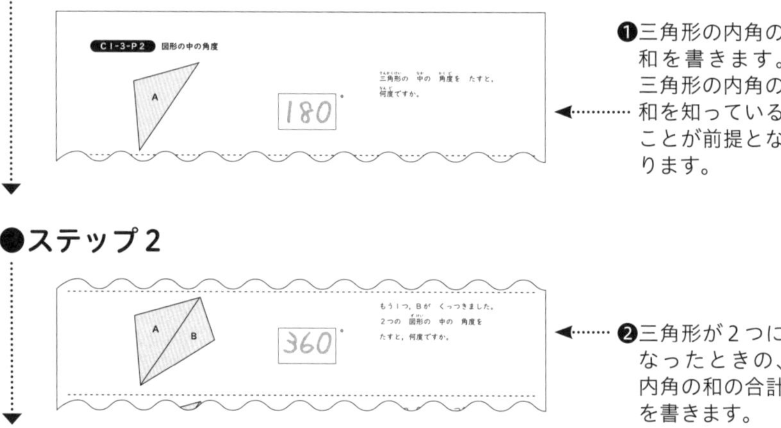

❶三角形の内角の和を書きます。三角形の内角の和を知っていることが前提となります。

●ステップ2

❷三角形が2つになったときの、内角の和の合計を書きます。

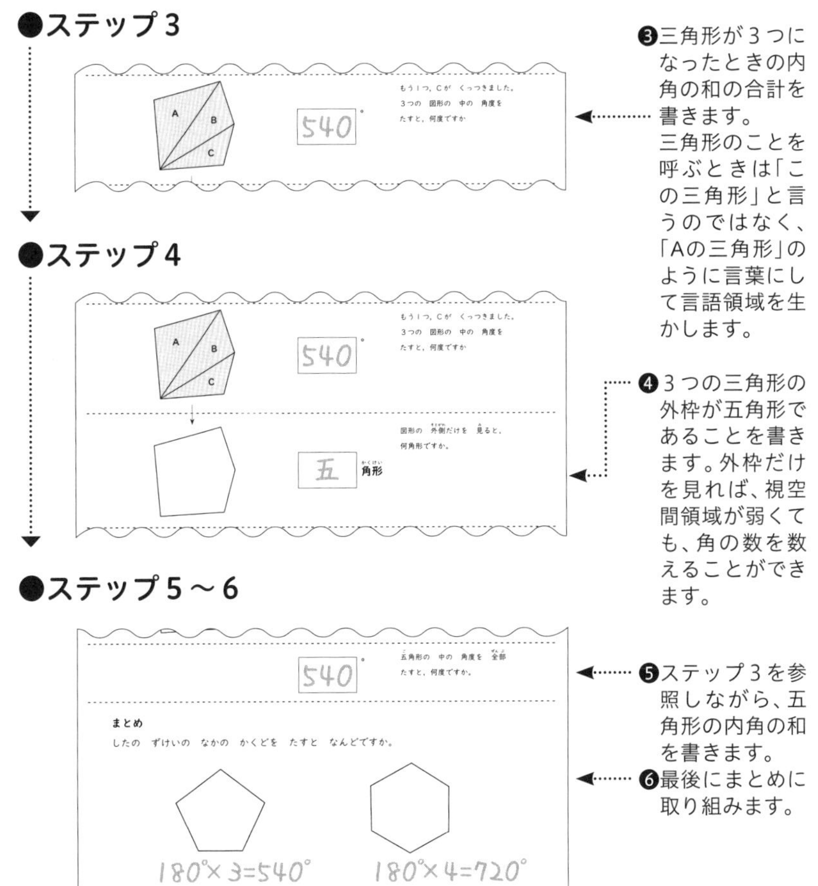

POINT

目の前にある図形を分解するには、不要な情報を抑え込んで新しい別のイメージをもたなければならず、ワーキングメモリの負担が大きな活動といえます。ここで紹介した問題だけでなく、算数のさまざまな問題で、同様の難しさを含むものがあります。全体の量を同時に把握することに難しさがあるならば、一つひとつの部分を順番に積み重ねて全体を理解する支援を試みましょう。

学習内容

立体の個数を数える

立体

WMに関する困難

視空間領域

・見えない立体をイメージすることが難しい。

数量処理

立体が何個ぐらいあるかを判断することが難しい。

弱さに配慮し強さを生かした支援

●短所補償

・立体の分解・合成のプロセスを一つひとつ見せることで、全体をイメージしやすくします。

●長所活用

・図形に「①」のような数字や「かべ」など、立体の形から連想されるような名前をつけて、言語で認識しやすくします。

スモールステップ

・立体の分解が苦手な子どもでは、プリント上に平面で表された立体の見えているところだけを認識し、見えていない部分をうまく認識できないことがあります。
・プリント上で一つひとつのプロセスを示して、スモールステップ化して学習していきます。
・実際の立体で学習することも大切です。しかし、プリント上で立体を表現するとわからなくなることがあります。そのような場合は、ここで紹介するプリント上での立体表現で学習しましょう。

［プリント C1-4-P1］
P1 では、立体の分解や合成を行います。

●ステップ1

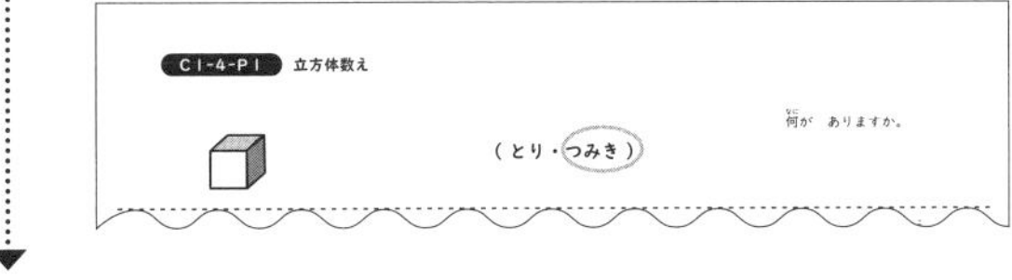

❶最初に立体があることを認識します（子どもが「とり」と回答してもそのまま進んで構いません）。

●ステップ2

●ステップ3

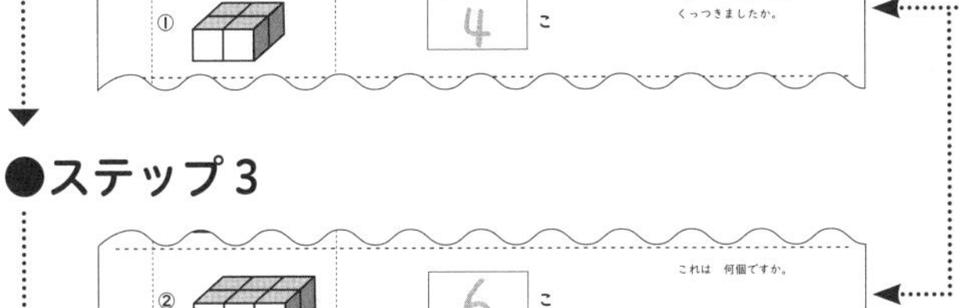

❷❸提示された立体の数を数えます。このように一つひとつプロセスを示すことで、視空間領域の弱さを言語領域や数量処理によって補います。

●ステップ4

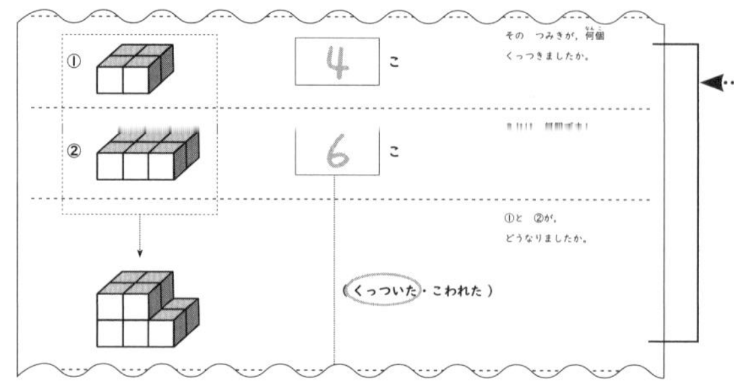

❹①と②がくっつき、さらに立体になることを認識します。

このとき、②の立体の一部は①によって隠れて、見えないことも理解します。

●ステップ5

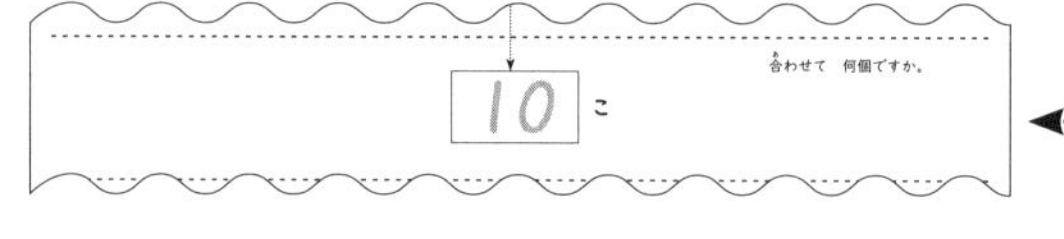

❺見えない立体も数えて、10個であることを理解します。

●ステップ6

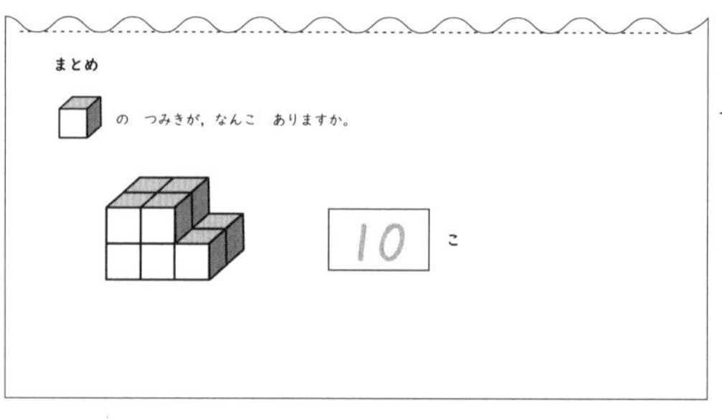

❻改めて、ここまで取り組んだのと同じ問題で練習します。問題集などで類題にも取り組んでいきます。

［プリント C1-4-P2］

子どもが慣れてきたら、P1のように言語的な符号化をしっかり行う必要はなく、P2のようにステップを簡略化して取り組んでいきます。

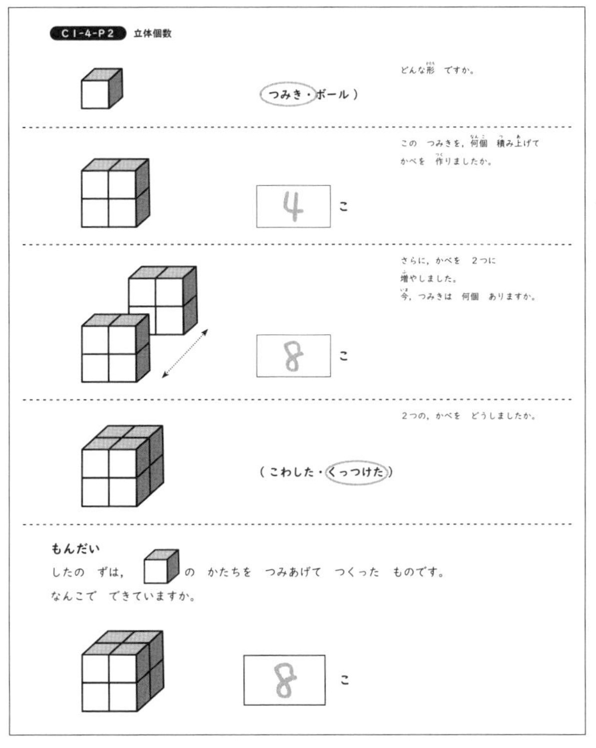

C1-4-P2　立体個数

どんな形　ですか。

（つみき・ボール）

この　つみきを，何個　積み上げて
かべを　作りましたか。

4　こ

さらに，かべを　2つに
増やしました。
今，つみきは　何個　ありますか。

8　こ

2つの，かべを　どうしましたか。

（こわした・くっつけた）

もんだい

したの　ずは，　の　かたちを　つみあげて　つくった　ものです。
なんこで　できていますか。

8　こ

立方体を積み上げたものを「かべ」と言語化して言語領域を生かしたり、P1にあったステップを省略するなどしています。

平面上の二次元の形は認識できても、立体図で示したものでは理解が難しい子どもがいます。それなのに、ちょっとしたイラストならば描くのが得意な子どももいて、支援者からすると不思議なものです。 二次元の図形なら認識できるのか、三次元の図形なら認識できるのかなど、さまざまな観点から子どもの学習の様子を観察しましょう。こうした理解は面積や体積の学習にもつながります。

学習内容

図と地の弁別や回転

図形の分解・合成

こんな子に

図形の分解、合成が苦手

こんな支援を

図形を強調し、選択式にする

WMに関する困難

視空間領域

・図形全体のうち、特定の図形だけを見ることが難しい。
・頭の中で図形を回転させることが難しい。

数量処理

複数の図形の長さを見て、合成できるかどうか判断しにくい。

弱さに配慮し強さを生かした支援

●短所補償

・図形の分解など、子どもが難しさを感じる部分は選択式で解答できるようにします。
・分解された図形や合成された図形を、強調して示します。

●長所活用

・図形に「A」「B」などの名前をつけたり、図形の分解などの作業を一つひとつ言葉で説明したりするプロセスを含めるようにします。

スモールステップ

- 形の分解が苦手な子どもでは、分解した形を「地（元の形）」から弁別すること、図形を回転させることなどが苦手なことがあります。これらについて、一つひとつステップを区切って学習していきます。
- 図形に「四角形ができるように線を引く」のが難しい場合、あらかじめ線を引いた図形を子どもに示し「どこに四角形があるか」を尋ねるようにします。
- 回転した図形の問題が難しい子どもでは、回転前の図形で問題の意味を学習し、その後に回転した図形による学習に進みます。

［プリント C1-5-P1］

P1は、図形に線を引くと別の図形ができる問題です。図形の中に線を引くことの理解が難しい子どもと取り組みます。

●ステップ1

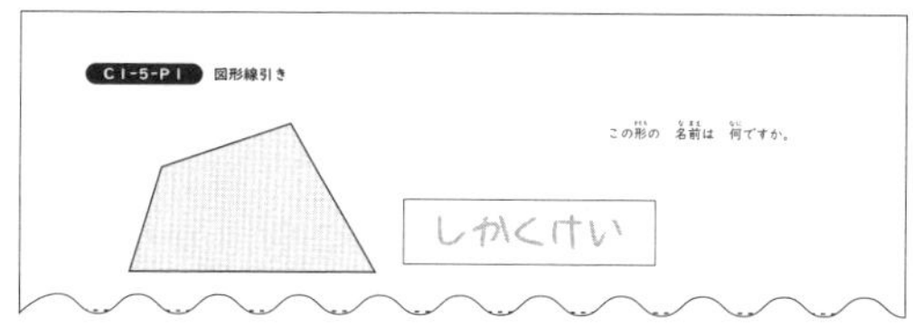

❶最初に図形の名前が何か考えます。言語化することで言語領域の働きを生かします。

●ステップ2～3

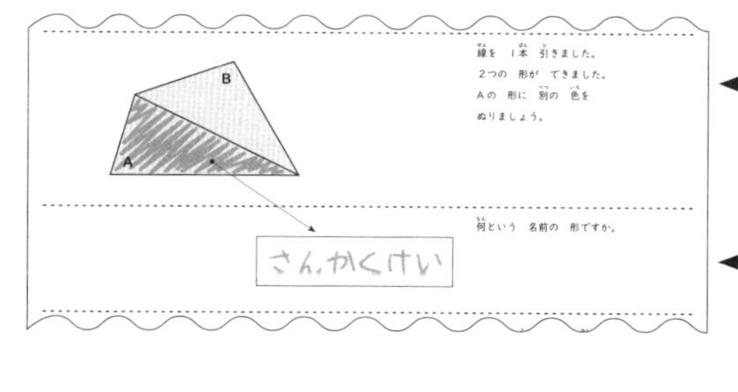

❷線を引いてできた図形の1つを鉛筆などで色を濃くして目立つようにして、視空間領域の弱さを補います。

❸Aの図形の名前を書きます。

●ステップ4

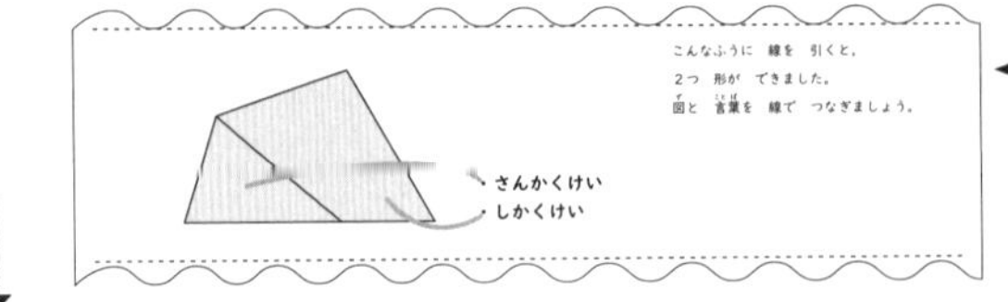

❹違う線を引いてできた2つの図形と名前を線で結びます。

●ステップ5

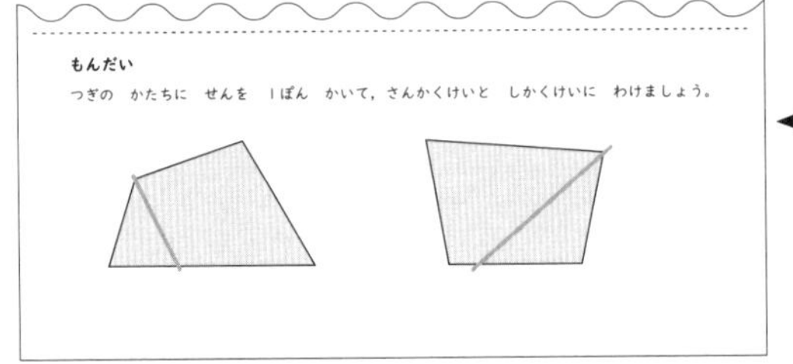

❺類題に取り組みます。

［プリントC1-5-P2］

P2は、図形の合成と図形の回転を伴う問題です。それぞれのステップを分けて学習します。

●ステップ1～3

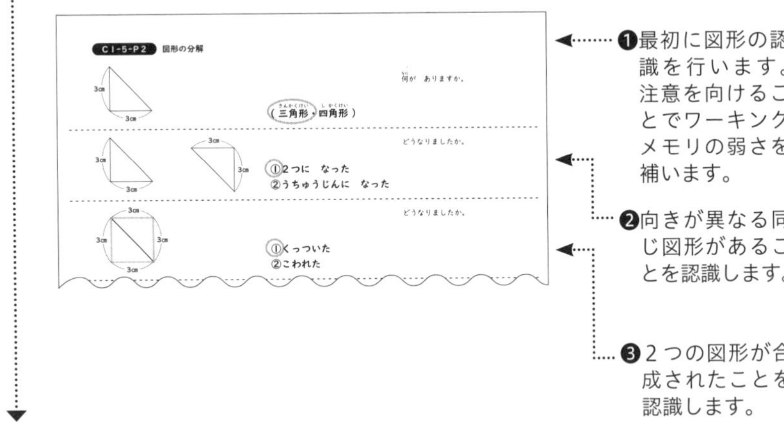

❶最初に図形の認識を行います。注意を向けることでワーキングメモリの弱さを補います。

❷向きが異なる同じ図形があることを認識します。

❸2つの図形が合成されたことを認識します。

●ステップ4

どうなりましたか。

①くっついた
②こわれた

灰色の 線を なぞりましょう。

❹合成された図形の外枠を太い線でなぞります。

●ステップ5

❺外枠が四角形になっていることを認識します。

●ステップ6

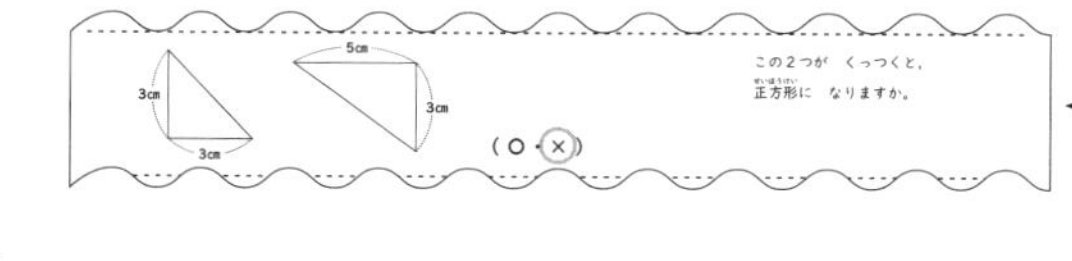

❻異なる三角形を合わせても正方形にならないことを認識します。

●ステップ7～8

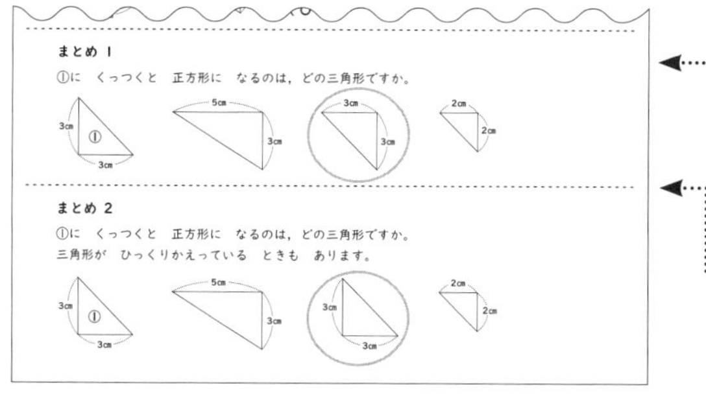

❼辺の長さが異なる三角形がある中で、正方形になる三角形を見つけます。

❽点線を折り開き、上を見ながら回転している三角形の問題にも取り組みます。

POINT

図形の問題の中にはここで取り上げたように、図形の分解、図と「地」の弁別、図形の合成、図形の回転など、ワーキングメモリの視空間領域に弱さのある子どもが困難を示す問題があります。子どもが困難を示す点はステップに分けて、マルチタスクにならないよう、1ステップずつ取り組めるようにします。

C1-6

学習内容

ターゲットに注意を向ける、切り替える

埋没図形

こんな子に

注意の切り替えが苦手

こんな支援を

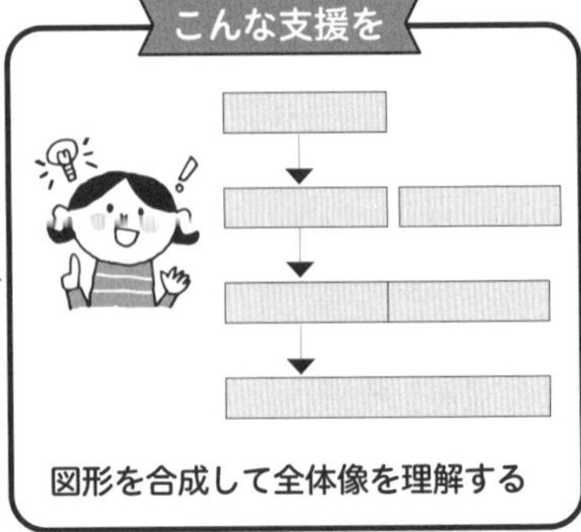

図形を合成して全体像を理解する

WMに関する困難

言語領域

・形などの情報を覚えておきながら、カウントすることが難しい。

・言語的な情報を視覚的な情報に当てはめることが難しい。

視空間領域

・情報の位置を覚えることや、妨害情報（正解ではない項目）を抑え込むことが難しい。

・目標の情報を覚えておくことや、複数の目標の情報を切り替えることが難しい。

数量処理

ターゲットの図形がいくつくらいあるか、瞬時に把握することが難しい。

弱さに配慮し強さを生かした支援

●短所補償

・図形を分解することの苦手さを補うために、妨害情報のない形から合成することで図形の全体像をイメージしていきます。
・子どもが理解しやすいよう、必要な情報だけを示したりします。

●長所活用

・図形に「大」「中」「小」などの名前をつけたり、図形の分解などの作業の一つひとつを言葉で説明したりするプロセスを設けます。

スモールステップ

・形の分解が苦手な子どもや、ターゲットとなる図形を覚えることが苦手な子ども、妨害する情報を抑え込むことが苦手な子ども、複数のターゲットがあると、次の情報に切り替えることが苦手な子どもが学習しやすくなるように、図形を合成するプロセスを通して図形の全体像を認識できるようにします。

・１種類ずつ図形の数を数えて、最後に数を合成できるように、情報の処理の種類ごとにステップを分けます。

［プリント C1-6-P1］

P1では、図形の中からターゲットになる情報を選び出し、複数のターゲットを切り替えて見つけていく学習をします。

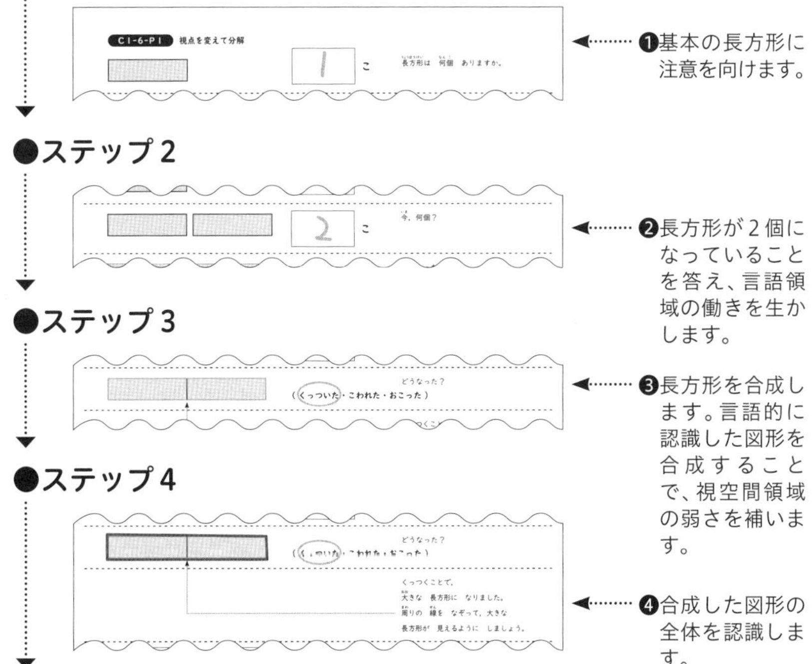

●ステップ5

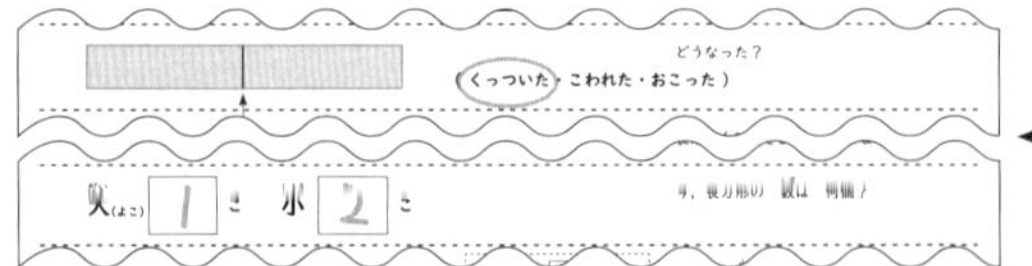

❺ステップ2の小さな長方形が2つくっついてできた大きな長方形が1つであることを書きます。このとき、「大」「小」と名前をつけることで、言語領域の働きを生かします。

●ステップ6～7

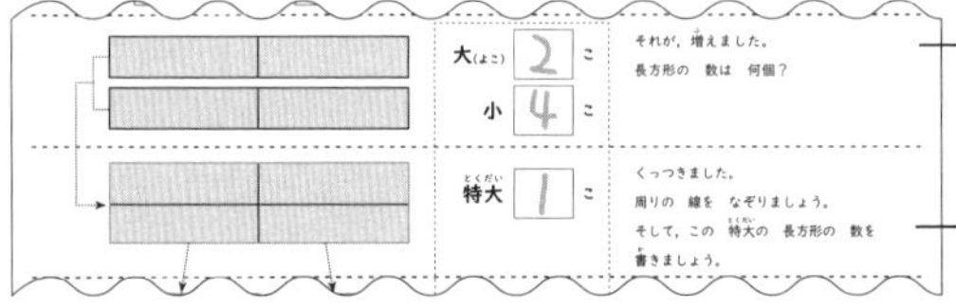

❻❼ステップ5と同様に、大・小の個数を書き、大がくっついて特大の長方形になることを認識します。まず、妨害情報のない合成のプロセスを行うことで、視空間領域の弱さを補います。

●ステップ8

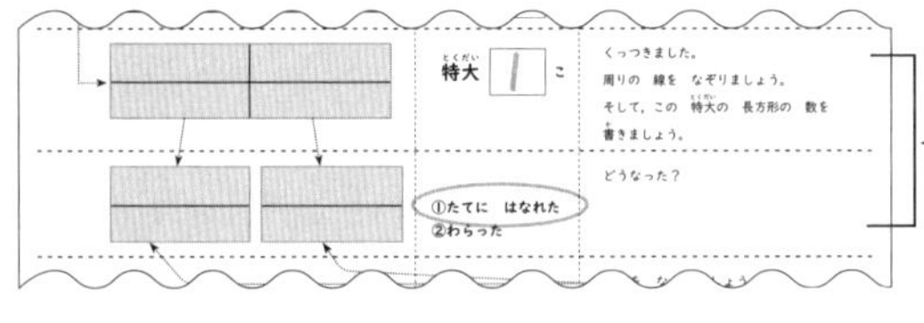

❽特大の長方形が縦に2つに分けられることを認識します。

●ステップ9～10

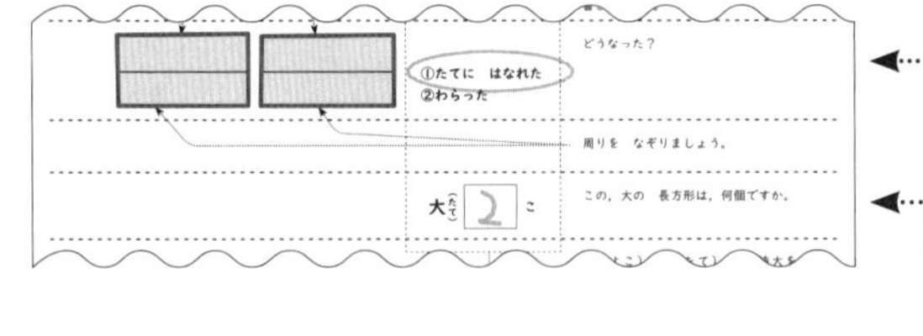

❾分かれた長方形を認識するために外枠をなぞります。

❿分かれた長方形を認識しやすくするために、ここでも「大」と名前をつけます。

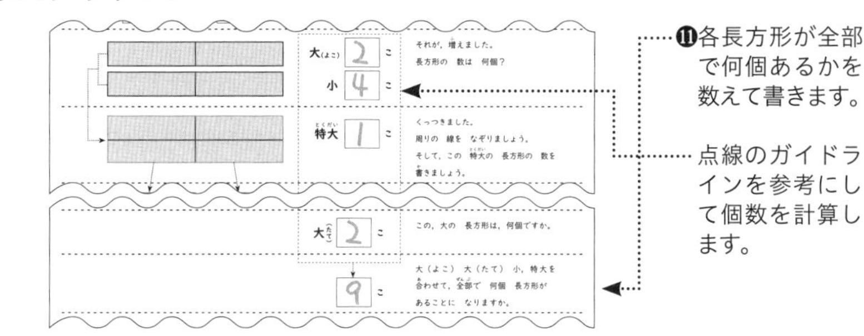

⓫各長方形が全部で何個あるかを数えて書きます。

点線のガイドラインを参考にして個数を計算します。

●ステップ12

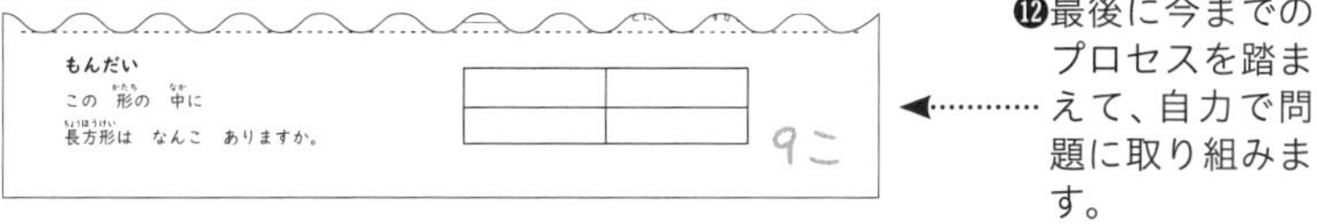

⓬最後に今までのプロセスを踏まえて、自力で問題に取り組みます。

COLUMN

必要な情報だけを示す

形を分解することが苦手な子どもでは、ここで紹介した取り組みで「やり方」がわかったとしても、いざ実際の問題に取り組むとなると解くことができないことがあるでしょう。実際に問題を解こうとするといろいろな情報が邪魔をして、目的の情報だけを取り出せなくなるのです。「ここはいらない情報だ」と覚えておいたり、「必要な情報」を正確に覚えておいたりができなくなるのです。

このようなときは、不要な情報を隠したり、必要な情報を示すやり方が子どもにはわかりやすいものです。

例えば、次のように取り組みます。ターゲットになる情報を透明なシートに描いて、一つずつ当てはめます。

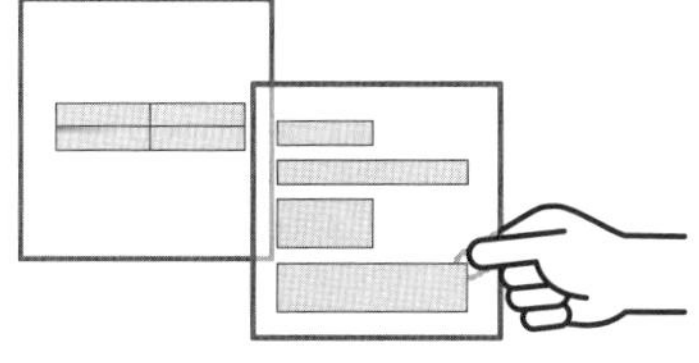

そうすれば不要な情報に妨害されたり、必要な情報を覚えることに過度な力を使わなくて済み、問題の求める意味を理解しやすくなります。

C1-7

学習内容

図形を分類し、変形して学習する

図形と特徴

こんな子に

図形の特徴を区別しにくい

こんな支援を

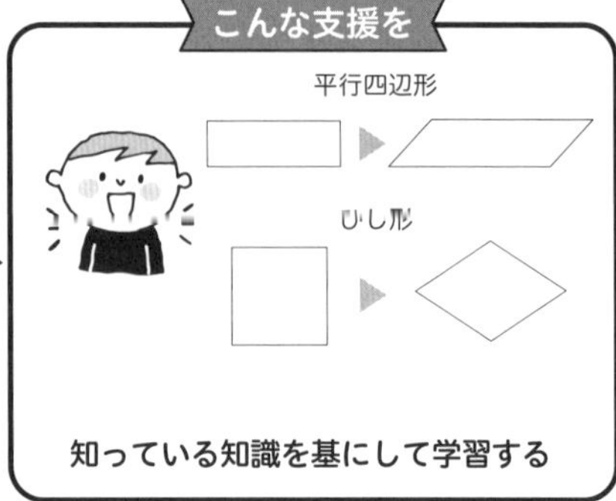

知っている知識を基にして学習する

WMに関する困難

言語領域

・新しく知る図形の名前を覚えにくい。

・言葉を基にして図形の特徴を判断することが難しい。

視空間領域

・視覚的なイメージを基にして図形の特徴を判断することが難しい。

・平行や角度の相違の判断が難しい。

数量処理

・線の長さの大小比較が苦手。
・角度の大小比較が苦手。

弱さに配慮し強さを生かした支援

●短所補償

・図形を理解した後に、その図形の名前を学習したり、言葉で表された図形の特徴と結びつけたりします。

●長所活用

・注意を向ける範囲を限定して、理解できる力を生かします。
・知っている知識を基にして新しい知識を学習します。

スモールステップ

・平行四辺形やひし形の各辺の長さが、同じか違うかを認識しやすくするため、長方形や正方形など知っている図形を変形させるステップから始めます。
・平行四辺形とひし形の特徴を別々に学習するのではなく、２つの形を比較することで図形の意味を学習します。
・図形自体について学習した後に、「へいこうしへんけい」という図形の名前を覚える練習をします。新しい言葉を覚えることはワーキングメモリの負担になるためです。

［プリント C1-7-P1］

P1では、知っている図形を変形することで、新しく学習する図形の特徴を理解します。

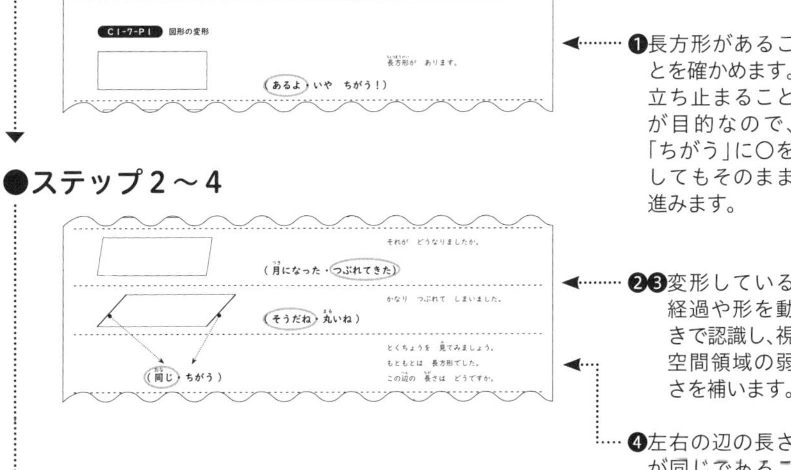

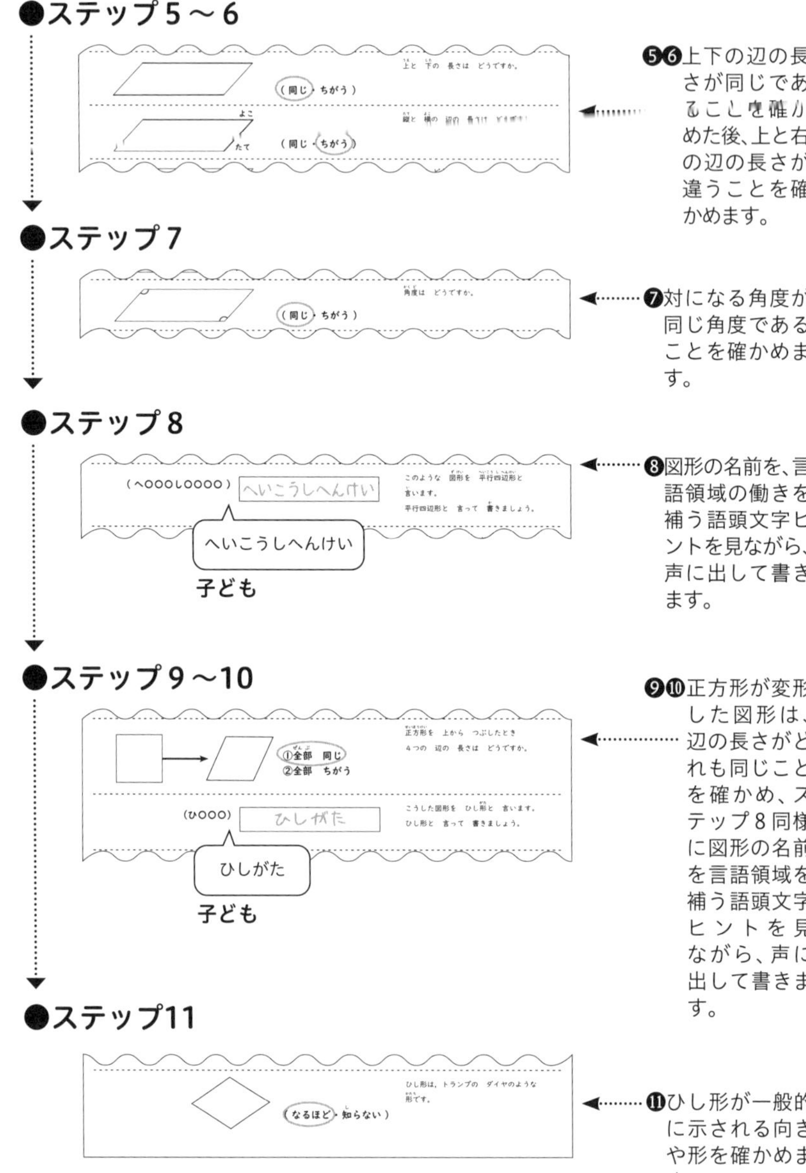
●ステップ5～6
上と 下の 長さは どうですか。
（同じ・ちがう）
よこ
たて
（同じ・ちがう）
❺❻上下の辺の長さが同じであることを確かめた後、上と右の辺の長さが違うことを確かめます。
●ステップ7
角度は どうですか。
（同じ・ちがう）
❼対になる角度が同じ角度であることを確かめます。
●ステップ8
（へOOOしOOOOO）
へいこうしへんけい
このような 図形を 平行四辺形と 言います。
平行四辺形と 言って 書きましょう。
へいこうしへんけい
子ども
❽図形の名前を、言語領域の働きを補う語頭文字ヒントを見ながら、声に出して書きます。
●ステップ9～10
正方形を 上から つぶしたとき
4つの 辺の 長さは どうですか。
①全部 同じ
②全部 ちがう
（ひOOO）
ひしがた
こうした図形を ひし形と 言います。
ひし形と 言って 書きましょう。
ひしがた
子ども
❾❿正方形が変形した図形は、辺の長さがどれも同じことを確かめ、ステップ8同様に図形の名前を言語領域を補う語頭文字ヒントを見ながら、声に出して書きます。
●ステップ11
ひし形は、トランプの ダイヤのような 形です。
（なるほど・知らない）
⓫ひし形が一般的に示される向きや形を確かめます。

［プリント C1-7-P2］
P1で学習した内容や教科書で取り上げられる内容について確かめ、思い出しながら学習します。

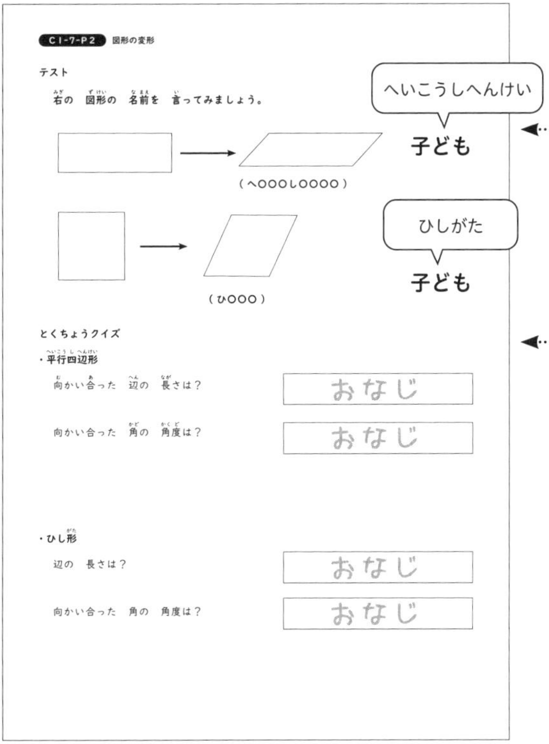
C1-7-P2 図形の変形

テスト

右の 図形の 名前を 言ってみましょう。

（へOOOしOOOO）

（ひOOO）

とくちょうクイズ

・平行四辺形

向かい合った 辺の 長さは？ おなじ

向かい合った 角の 角度は？ おなじ

・ひし形

辺の 長さは？ おなじ

向かい合った 角の 角度は？ おなじ

へいこうしへんけい
子ども
ひしがた
子ども

図形の名前を、言語領域の働きを補う語頭文字ヒントを見ながら、声に出して思い出します。

図形の特徴について質問に答えます。事前にP1を学習しておくことで、視空間領域の弱さを補います。
子どもの様子を見ながら、「おなじ」は教科書では「等しい」と表すことも教えます。

POINT

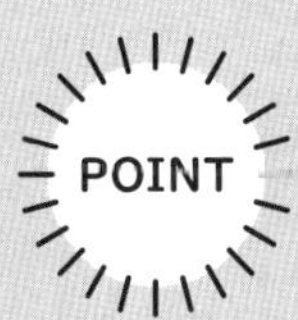

正方形、長方形、平行四辺形、ひし形を別々に覚えようとするとすると、4つの情報を記憶しなければなりません。正方形→ひし形、長方形→平行四辺形と変形して分類すれば、合わせて3つの情報（2つの図形の情報とその変化という情報）を記憶すればよいことになります。ワーキングメモリに弱さのある子どもは丸暗記が苦手なことがあります。できるだけワーキングメモリに負荷がかからないよう効率的に学習できるようにします。

学習内容

図形の用語の音、図が表す意味

図形と用語

WMに関する困難

言語領域	視空間領域
・長い言葉を覚えにくい。 ・似た言葉を混同してしまう。	・図が表す意味を正しい用語に結びつけにくい。

弱さに配慮し強さを生かした支援

●短所補償

・言葉をいくつかのまとまりに分けて、それぞれのまとまりを練習します。
・書くことが苦手な場合は読んだり、○をすればよいようにします。

●長所活用

・一つひとつ学んだことを基に、つなげて全体を学習します。

スモールステップ

・「へいこうしへんけい」のような長い言葉が覚えにくいときは、言葉をいくつかのまとまりに分けて練習します。
・まとまりごとに思い出してから、つなげて全体を思い出す練習をします。
・言葉の音を感覚的に捉えて意味を誤解している場合は、まず「へいこう（平行）」「し（四）へん（辺）」「けい（形）」の意味だけをわかるような活動に取り組んで、その後に言葉の音と結びつけるようにします。

［プリント C1-8-P1］
P1では、長い言葉をいくつかのまとまりに分けて学習することで、言語領域の弱さを補います。

●ステップ1〜3

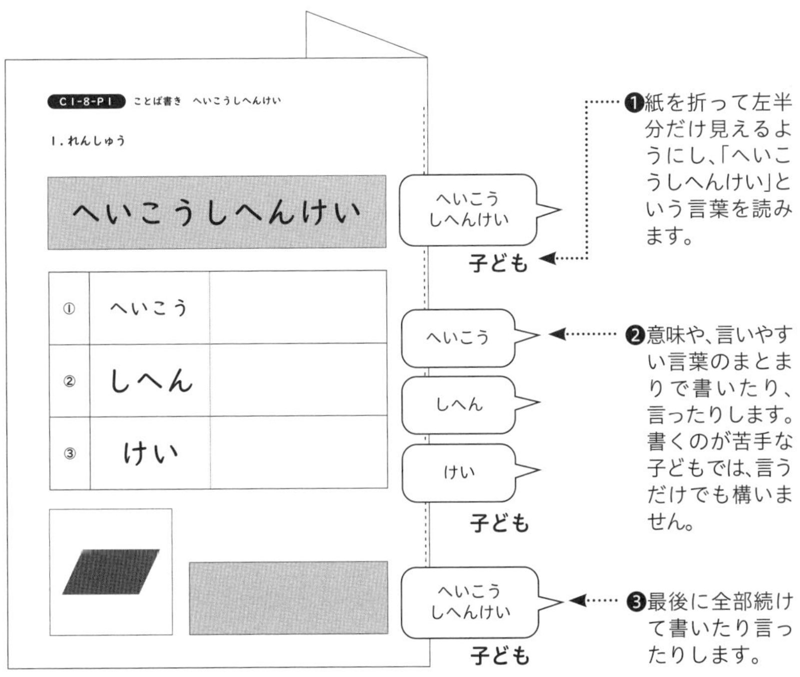

●ステップ4～5

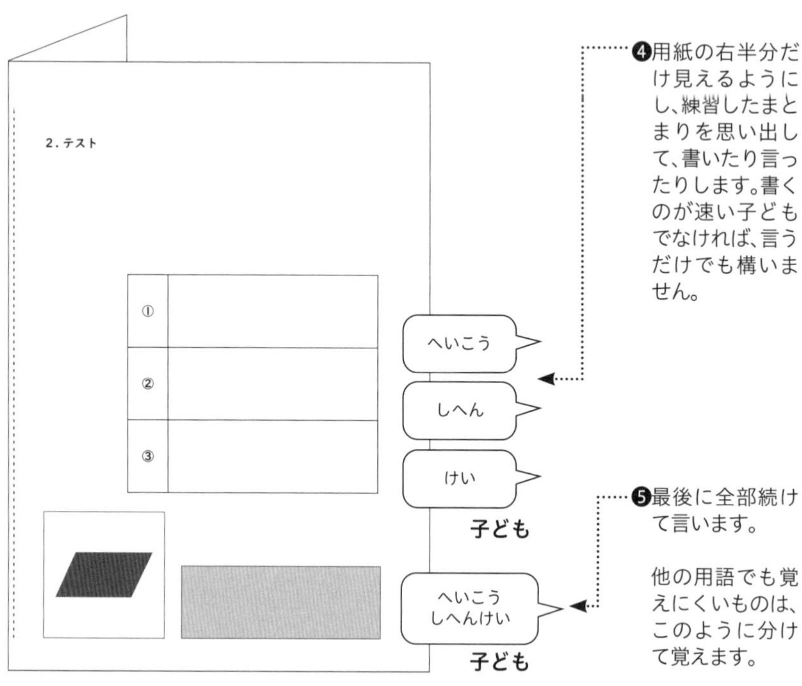

［プリントC1-8-P2］

直径が円を半分に分けているように見えるので、「半」径と混乱している子どももいます。P2では、なぜ「半」径なのか、動きで示しながら学習します。

●ステップ1　このプリントは折らなくても構いません。

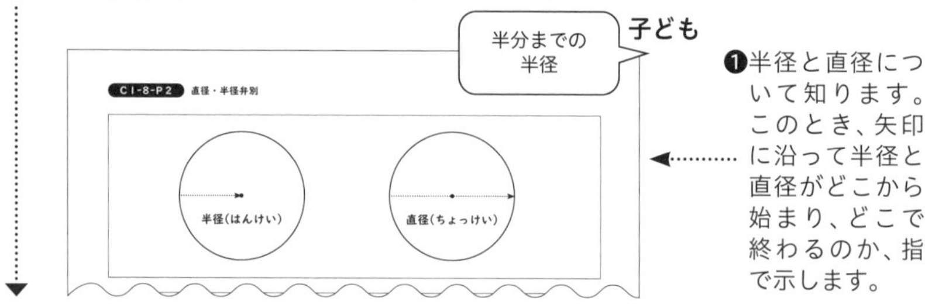

●ステップ2

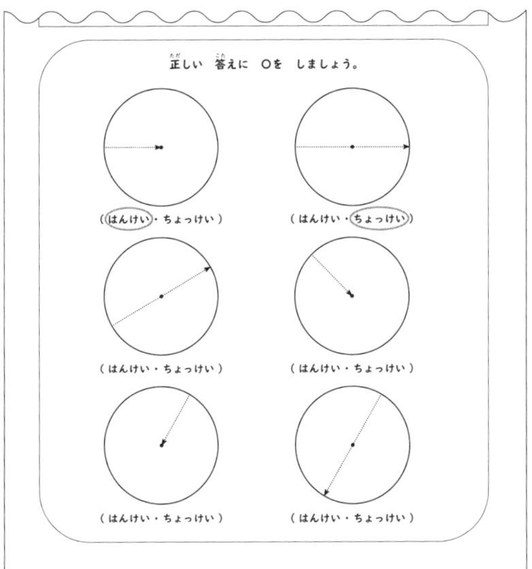

❷例を見ながら、いろいろな傾きの半径や直径を判断して、正しい方に○をしていきます。

選択式にすることで、余分な処理に力を使う必要がなくなり、ワーキングメモリの弱さを補うことができます。

一般的には中心から円周までの長さを半径として考えます。しかし、円にものさしで直径の線を引くときは左から（中心を通って）右に線を引きます。視空間領域に弱さのある子どもの支えとなるよう、ここでは具体的イメージに基づくため円周の左から中心までを半径としています。

算数の用語が覚えられずに困っている子どもは少なくありません。覚えてはいても、似た言葉を混同しがちな場合もあります。そのときも、「用語を覚えられない」ときと同様に支援しましょう。似た言葉とは、例えば「長方形」「直角」「直径」「垂直」のように「ちょ」がつくものや、「半径」「直径」のように「けい」がつくものです。
長い言葉を覚えにくいときは、ただ繰り返し暗唱しても覚えられないものです。「困難は分割せよ」と言うように、覚えにくい言葉をいくつかのまとまりに分割して、それぞれを暗唱するようにすればワーキングメモリの負担を下げることができます。

C2-1

学習内容

計器を操作する意味

分度器の練習

こんな子に

計器の操作そのものが難しい

こんな支援を

なるべく情報を減らした計器で練習する

WMに関する困難

言語領域

・計器を操作する手順を言葉で覚えにくい。

視空間領域

・斜線や曲線のある図形を捉えたり、計器を置く位置や数字の読み取り方を覚えたりするのが難しい。

数量処理

図形を見て角度の数字をイメージしにくい。

弱さに配慮し強さを生かした支援

●短所補償

・不要な情報を減らした計器を使用します。
・ピンなどを使って計器を固定します。

●長所活用

・数を一つの方向から数え上げていくことを支えにして、図形の大きさを理解します。

スモールステップ

・分度器などの計器は、斜線や曲線、数字など、たくさんの情報が含まれているため、扱うことが難しい子どももいます。そこで、数字を減らした分度器を使って、作業の本質的な面だけを取り出して練習します。
・また、斜線の含まれていない計器を使ったり、左から右に移動するという数量処理で学習を進められるようにしたりします。

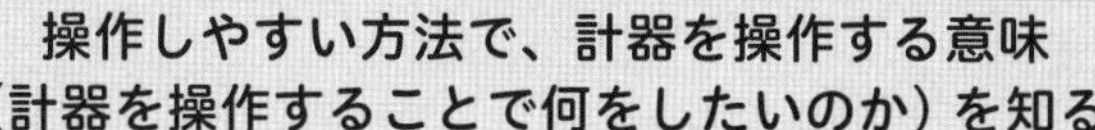

操作しやすい方法で、計器を操作する意味（計器を操作することで何をしたいのか）を知る

■平行の作図における例

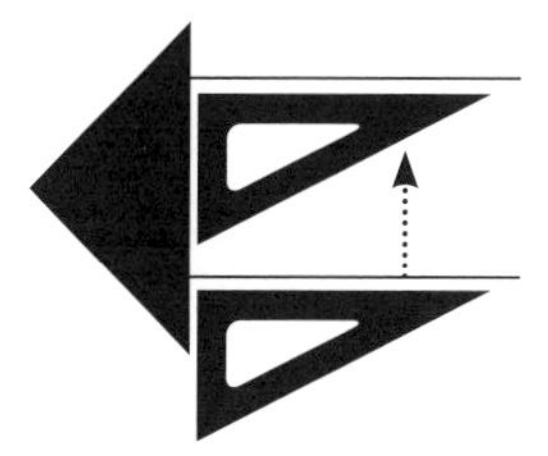

平行の作図の学習では、三角定規を２つ組み合わせて線を引くことがあります。しかし、視空間領域に弱さのある子どもでは、２つの三角形を適切に組み合わせることに難しさが生じることも少なくありません。斜めの部分がある教具をどのように置くのか、その位置をワーキングメモリに保持することも難しいため、教具の位置もずれることが多くなります。

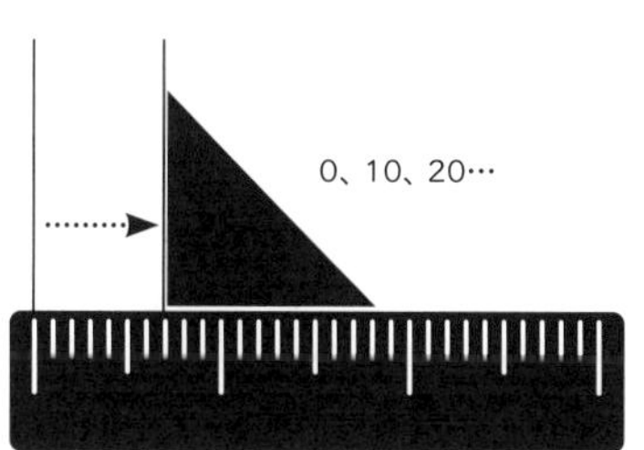

定規を「地面」にして左から右へ、0、10、20…のように、数字で「移動する方向」を意識させながら三角定規を動かすと操作方法がわかりやすく、平行の意味も理解しやすいでしょう。
この例は、理解を優先し、三角定規を組み合わせて線を引きにくい子ども向きです。子どもに応じてアレンジします。

■分度器における例

分度器の難しさは、逆方向の数曲線が2つあること(数量処理の難しさ)、分度器の中心点を正確に角の先端に合わせること(協調運動)、たくさんの数字の中から0度を選びだすこと(注意の焦点化とワーキングメモリ)、中心点と角の先端を合わせたまま線を0度と合わせること(協調運動とワーキングメモリ)、曲線上で数字を数え上げて角度を知ること(数量処理)など、多くの処理が同時に関わっていることです。

[プリントC2-1-P1～P5]
情報を減らした特別な分度器を使って基礎練習をしましょう。

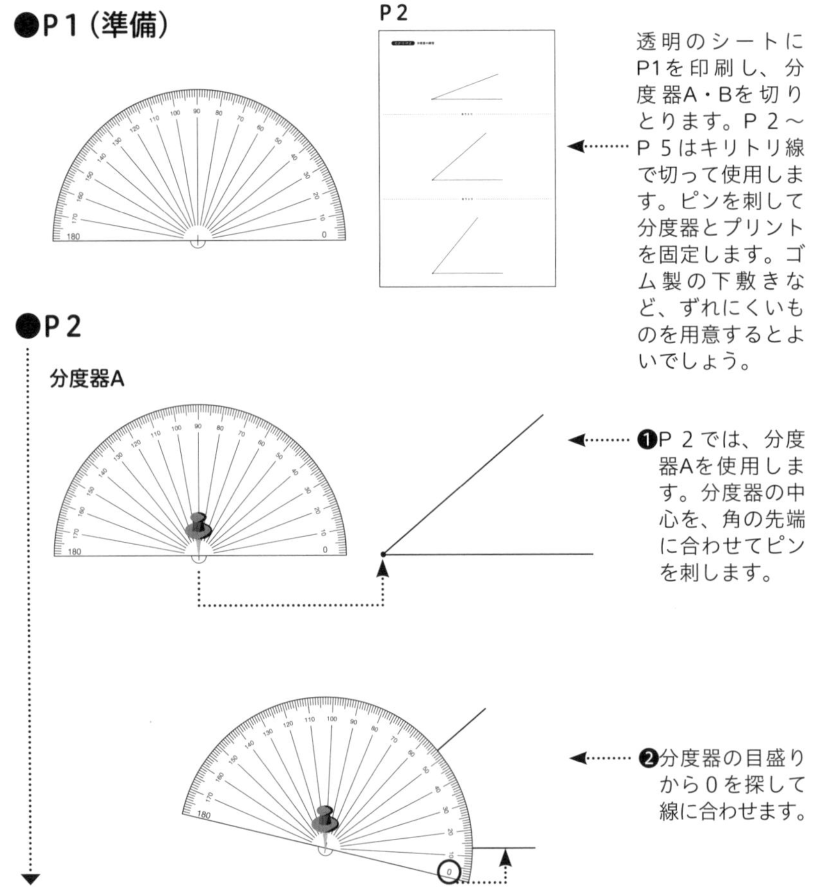

透明のシートにP1を印刷し、分度器A・Bを切りとります。P2～P5はキリトリ線で切って使用します。ピンを刺して分度器とプリントを固定します。ゴム製の下敷きなど、ずれにくいものを用意するとよいでしょう。

❶P2では、分度器Aを使用します。分度器の中心を、角の先端に合わせてピンを刺します。

❷分度器の目盛りから0を探して線に合わせます。

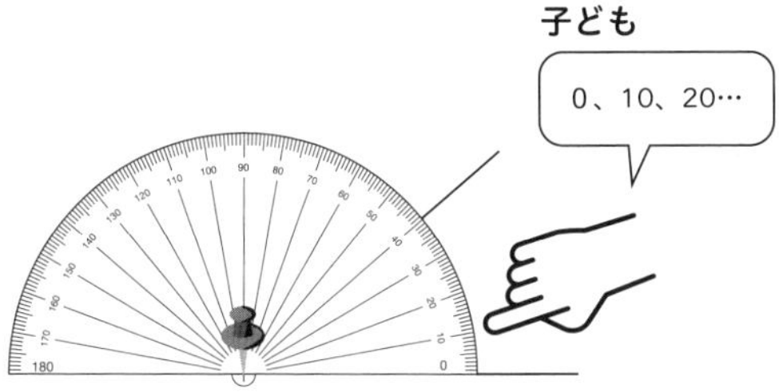

子ども

0、10、20…

❸0から数え上げていきます。

●P3

分度器B

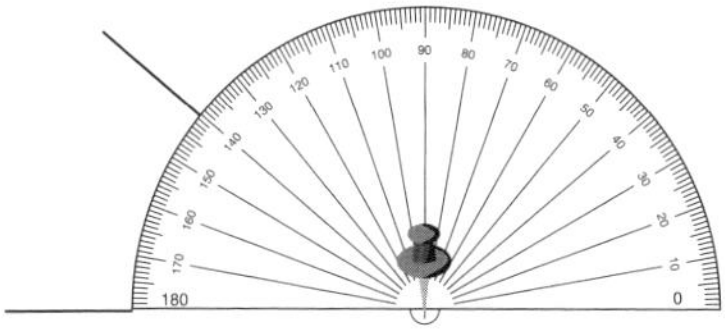

❹P3では分度器Bを使用し、逆方向（右から左）に角度を測る練習をします。

●P4～5

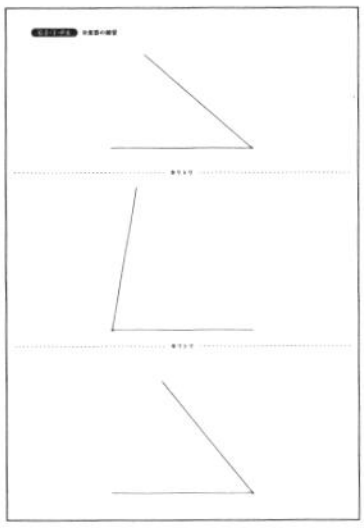

分度器A

P4

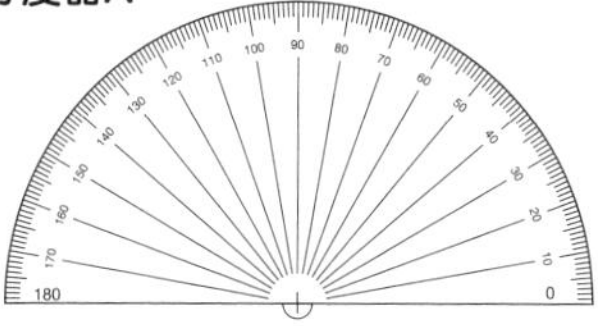

分度器B

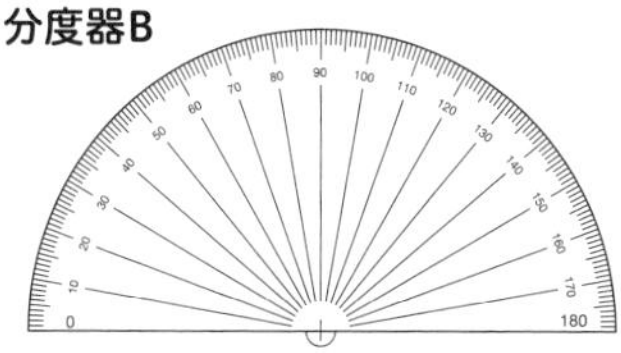

❺P4～5では、分度器A・Bのどちらを使うほうが測りやすいのか、考える練習をします。

教具にはいろいろな情報が含まれており、その情報を数量処理することや、ワーキングメモリで処理することに難しさを感じていることがあります。余分な情報は省き、本質の部分を練習するようにします。

学習内容

線で形を構成する

形の作図

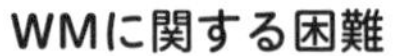

WMに関する困難

言語領域

・一度にたくさんの手順を言葉で言われると覚えられない。

視空間領域

・図形の形を認識しにくい。

・形を作図するとき、各ポイントの位置を覚えにくい。

数量処理

線の長さの感覚をつかみにくい。

弱さに配慮し強さを生かした支援

●短所補償

・情報の処理と保持が同時に発生しないよう、始点・終点を先にかき込むなどして、処理に集中できるシングルタスクになるようにします。

●長所活用

・言語領域を支えにして、視空間領域や数量処理の働きをスムーズにします。

スモールステップ

・図形の形を描くためには、ワーキングメモリの視空間領域の働きで図形の全体的な形を思い浮かべながら、形の細かな位置を覚えておき、線を引くという処理を行う必要があります。線の大体の長さを把握するためには数量処理も関わります。

・こうした課題が苦手な子どもでは、スモールステップに分けて取り組みます。後半のステップでは、徐々にそれまでのいくつかのステップを組み合わせていき、各ステップを統合できるようにします。

［プリント C2-2-P1］

P1では、次第に難易度が上がるようスモールステップで取り組み、言語領域によって視空間領域や数量処理を支えながら図を描きます。

●ステップ1

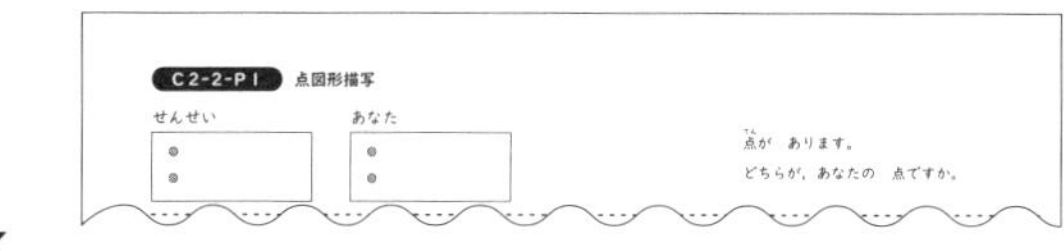

❶まず、自分がどこに描くのか確認します。このステップが必要ない子どもは省略します。

●ステップ2

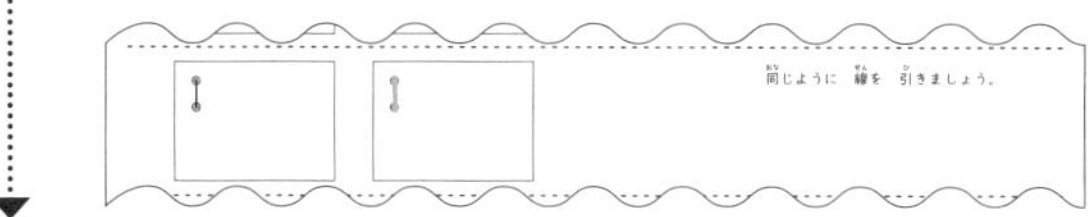

❷左のように線を1本引きます。これなら視空間領域に弱さがあっても容易です。

●ステップ3

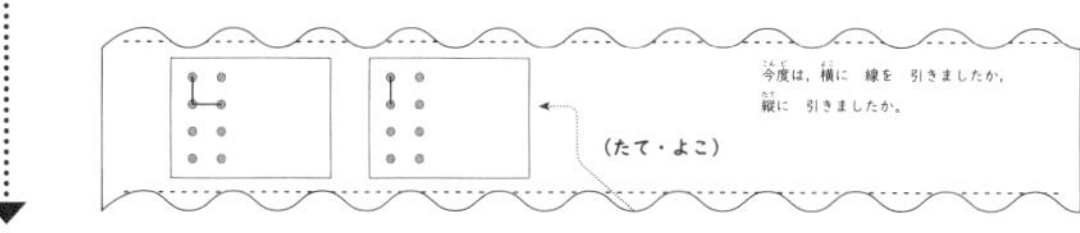

❸❹言語領域を支えに、縦・横どちらの線を引くか確認してから引きます。

●ステップ4

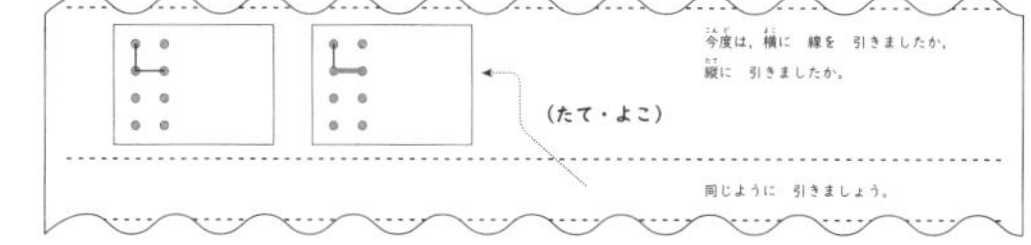

ドットは少しずつ増やすことで注意の働きの負担を低くします。

●ステップ５～６

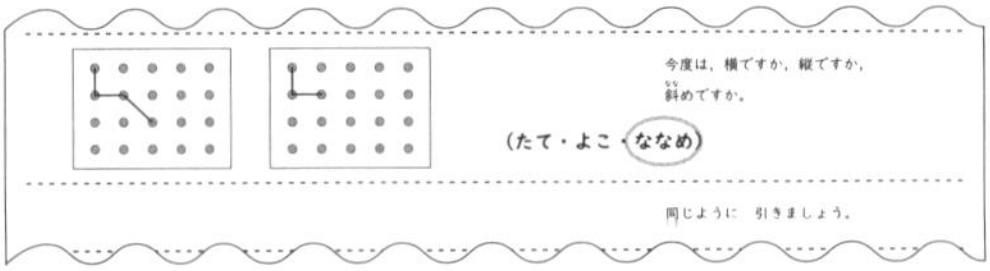

今度は，横ですか，縦ですか，
斜めですか。
（たて・よこ・ななめ）
同じように　引きましょう。

❺❻ステップ３～４と同様に、言葉で確認してから線を引きます。

●ステップ７～９

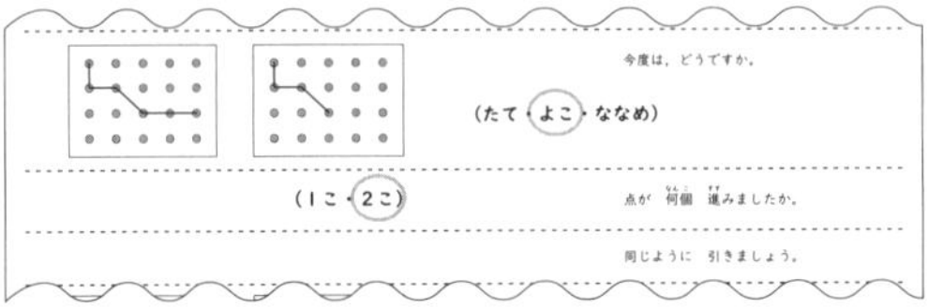

今度は，どうですか。
（たて・よこ・ななめ）
（１こ・２こ）　点が　何個　進みましたか。
同じように　引きましょう。

❼❽❾線の向きだけでなく、線をいくつ引くのかも言葉で確認し、視空間領域と数量処理を言語領域で支えます。

●ステップ10～11

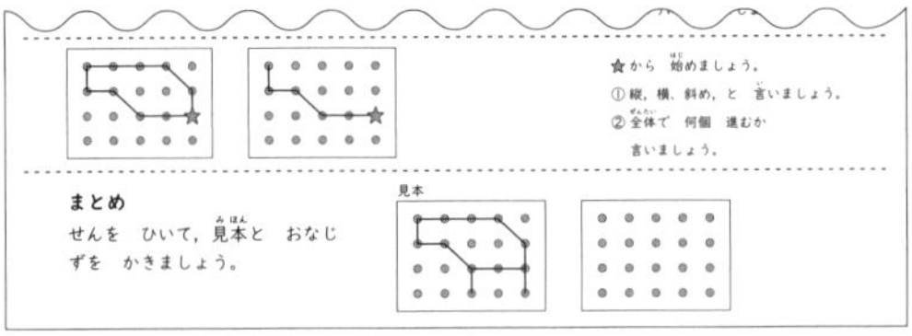

☆から　始めましょう。
①縦，横，斜め，と　言いましょう。
②全体で　何個　進むか
言いましょう。

まとめ
せんを　ひいて，見本と　おなじ
ずを　かきましょう。
見本

❿⓫複数のドットをまとめて線を引く練習をします。

最後にまとめに取り組みます。

［プリントＣ２-２-Ｐ２］

Ｐ２では、図形を描くときに始点と終点を先に打つことで、位置を記憶しなくても済むようにし、線を引く処理を後で行います。

●ステップ１～２

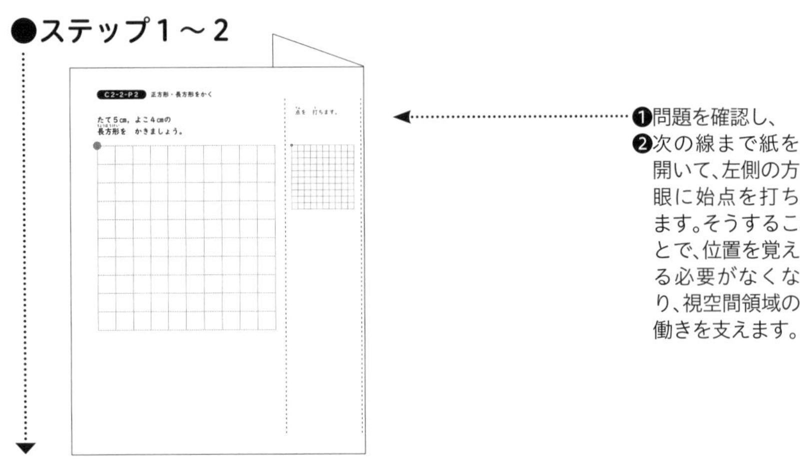

❶問題を確認し、❷次の線まで紙を開いて、左側の方眼に始点を打ちます。そうすることで、位置を覚える必要がなくなり、視空間領域の働きを支えます。

●ステップ3

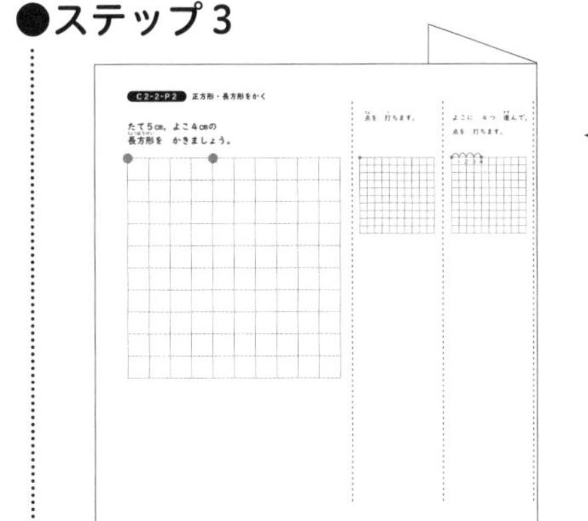

❸さらに紙を開き、横の線の終点を打ちます。点を打たずに線を引くと位置や数値を覚えにくくなる可能性があります。

●ステップ4～5

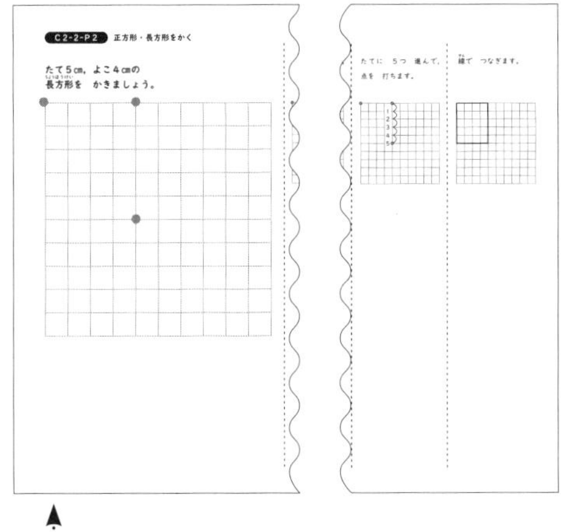

❹同様に縦の線の終点を打ち、
❺始点と終点を線でつなぎます。
全体を視空間領域にイメージしながら線を引く処理が難しい場合は、このように、点を打つ作業をすることで、角の位置情報を覚えなくても済むようにします。

ステップ4が終わった段階です。
左下の角は点がなくても引けますが、子どもに応じてあらかじめ点を打ってから線を引いてもよいでしょう。

図形を描く作業は視空間領域や協調運動に弱さがある子どもにとっては、とても難しい場合があります。言語領域の働きを支えにしたり、情報の処理をしながら保持をしなくて済むように、始点や終点の位置情報を先に書き込んだりします。

C2-3

学習内容

コンパスで弧を描き作図の一部に使う

コンパスによる作図

こんな子に

どこに刺して
どこにかくの？

コンパス の動かし方をイメージできない

こんな支援を

コンパス の動かし方をイメージさせる

WMに関する困難

言語領域

・一度にたくさんの手順を言葉で言われると覚えられない。

視空間領域

・手や点の位置、針の位置を同時に覚えておきにくい。

数量処理

円の中心からの長さの感覚をつかみにくい。

弱さに配慮し強さを生かした支援

●短所補償

・作図のために必要な作業をスモールステップ化して、一つひとつ学習します。

●長所活用

・言語領域を支えにして、視空間領域や数量処理の働きをスムーズにします。

スモールステップ

・コンパスで円を描く作業は目と手の協調や器用さが強く要求され、難しいものです。まずは、コンパスの一定の長さをとるという機能を理解することに目標を絞って取り組んでいきます。

基本的な練習

コンパスの操作が難しい子どもは少なくありません。手先の不器用さがあると、コンパスで作図するときに力が弱くなったり強すぎたりして、長さが変わってしまいます。ワーキングメモリの視空間領域に弱さがある場合、手の位置に注意を向けると鉛筆や針の位置に注意が向かなくなってしまいます。

コンパスで円を描くことで、本来、円は中心からの距離が同じ図形であると学ぶことができるはずですが、不器用さがある子どもや視空間領域に弱さがあるとそこに注意を向けることができません。このような子どもでは、コンパスが長さを測るのに役立つこと、同じ長さを含む図形を描くときに役立つことを学べるようにしましょう。まずは、P74で紹介しているプリントで練習してみましょう。

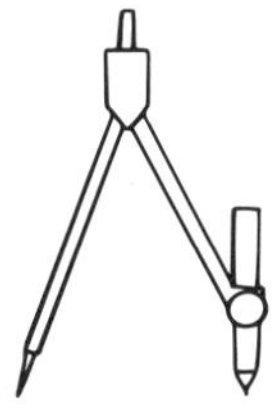

[プリント C2-3-P1]

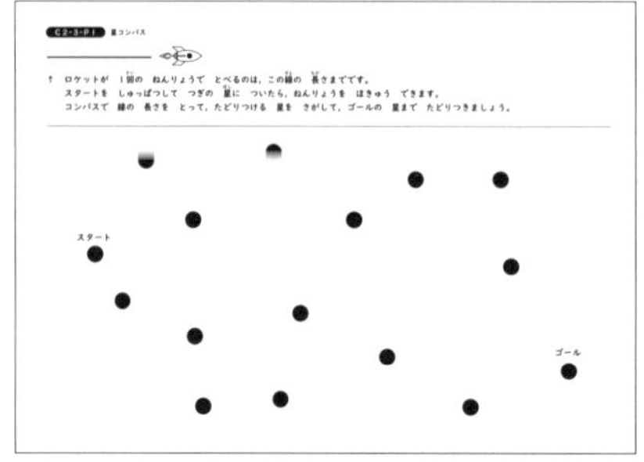

P１では、ロケットが一度に飛べる長さをコンパスで調べます。
スタートからゴールの星まで、燃料を補給しながら進む設定にして、楽しみながら作業を繰り返すことができるようにします。

[プリント C2-3-P2]

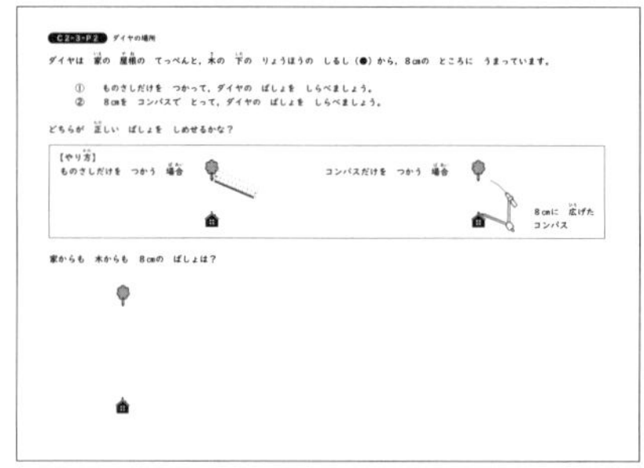

P２では、２つの点から同じ長さの場所を調べる学習を行います。
まず、ものさしを使ってやり、次にコンパスで線をかいてみます。すると、コンパスのほうが確実であることがわかります。

[プリント C2-3-P3]

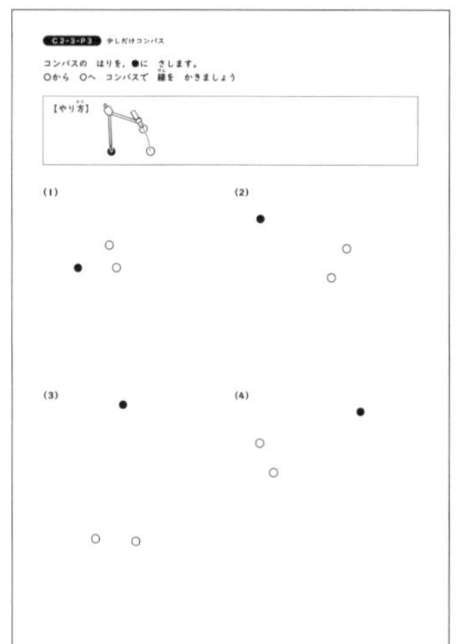

P３では弧を描く作業に絞って練習をします。

［プリントC2-3-P4～5］
P4では、手順の書かれたプリントを確認しながら、二等辺三角形や正三角形の作図に取り組みます。

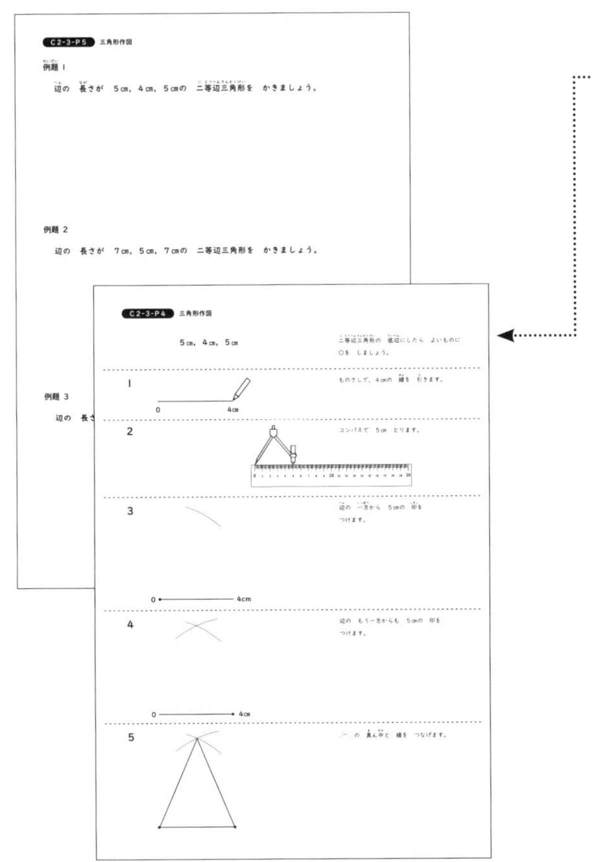
C2-3-P5 三角形作図

例題 1

辺の 長さが 5cm，4cm，5cmの 二等辺三角形を かきましょう。

例題 2

辺の 長さが 7cm，5cm，7cmの 二等辺三角形を かきましょう。

例題 3

辺の 長さ

C2-3-P4 三角形作図

5cm，4cm，5cm

二等辺三角形の 底辺にしたら よいものに ○を しましょう。

1 ものさしで，4cmの 線を 引きます。

2 コンパスで 5cm とります。

3 辺の 一方から 5cmの 印を つけます。

4 辺の もう一方からも 5cmの 印を つけます。

5 の 真ん中と 線を つなげます。

手順の書かれたプリント(画像下)は、注意を焦点化しにくい子どもでは紙を折って、1ステップずつ取り組みながら開くほうがよいでしょう。
今取り組むステップだけに集中することは、ワーキングメモリの視空間領域の弱さを支えます。
また、次のステップを見ずに、次の作業を予想することは、ワーキングメモリが弱い子どもの、次の活動をイメージする力を育みます。

図形を描く作業は視空間領域や協調運動に弱さがある子どもにとってはとても難しい場合があります。「1、2、3」というステップの番号を強調し、言語領域を支えにしながら学習します。

C2-4

学習内容

分度器による作図

分度器の操作

こんな子に

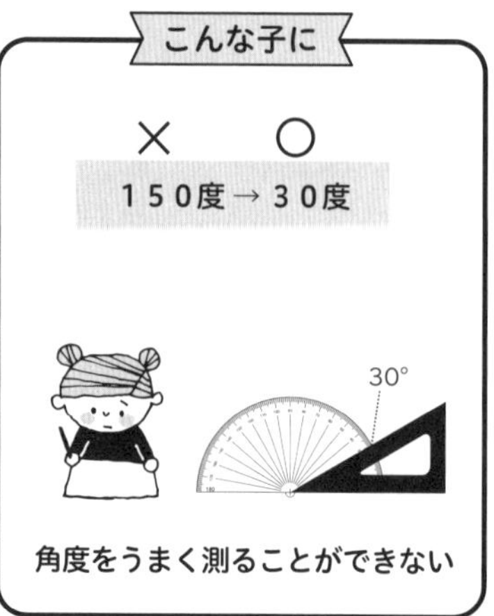

角度をうまく測ることができない

こんな支援を

シンプルタスクの組み合わせで学習

WMに関する困難

言語領域

・一度にたくさんの手順を言葉で言われると覚えられない。

・さまざまな情報の中から、一つに焦点を当てにくい。

視空間領域

・自分の手や分度器の中心、線や頂点の位置を、分度器を操作しながら同時に覚えておきにくい。

・角の大きさを認識しにくい。

数量処理

角の大きさを数字として認識しにくい。

弱さに配慮し強さを生かした支援

●短所補償

・角度を測るために必要な作業をスモールステップ化して、一つひとつ学習します。

●長所活用

・言語領域を支えにして、視空間領域や数量処理の働きをスムーズにします。

分度器を操作する難しさ

分度器の操作には複雑な情報の処理が必要とされます。このことについて、66ページに述べたことをもう少し詳しく考えてみましょう。

角度を測ろうとするとき、最初に分度器の中心の点を角の頂点に合わせます。このとき、不要なさまざまな目盛りや線の情報に注目することは抑制して、分度器の中心の点と角の頂点に注意を焦点化する必要があります。これができず、関係のない情報に反応している子どもを見かけます。

また、中心の点の位置を視空間領域に保持したまま分度器を回転させて、角の線と分度器の0度を合わせなければいけません。このとき、目と手を協調させることや正確な微細運動が必要です。これができず、分度器がずれる子どももいます。

分度器の目盛りは数直線ではなく「数曲線」になっていて、しかも0から180までと、180から0の時計回りと反時計回りの2方向があります。この2つの数曲線のうち、不要な情報は抑制し、必要な情報にだけ注意を焦点化させる必要があります。

さらに、一般的に数直線では左側に0があり右側に大きな数があり、私たちの数量処理もそれに沿っていますが、分度器の場合、最初に用いるのは右側に0がある反時計回りの数曲線であることが多いのです。これらの複合的な処理がうまくできず、30度なのに150度と答える子どもをよく見かけます。

また、分度器を操作する際の複雑な手順は言葉で説明されますので、言語領域の働きが必要です。角の大きさは数値に変換されますが、この理解には数量処理も関わっています。このように、分度器の操作にはワーキングメモリの言語領域、視空間領域、数量処理、目と手を協調させること、微細運動などさまざまな処理が関わっていると考えられます。どの困難があっても分度器でうまく角度を測れない困難が生じる可能性があるでしょう。

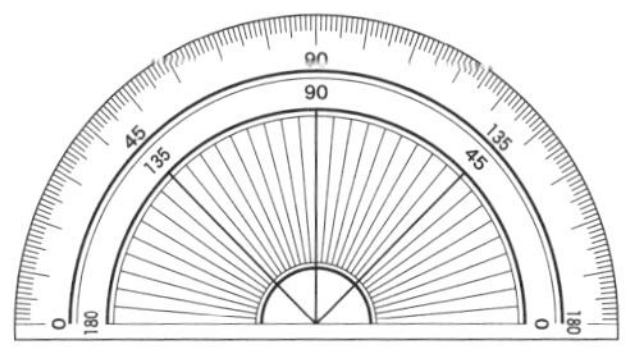

［プリント C2-4-P1］

P1では、分度器に必要な処理に沿った練習をします。必要に応じて、66ページの練習と組み合わせて行いましょう。

●ステップ1～2

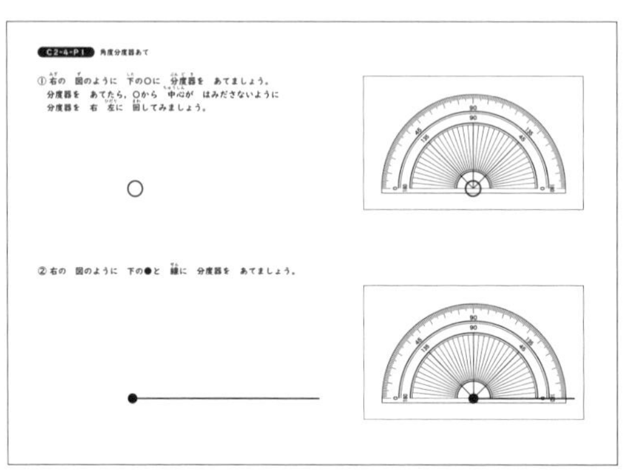

❶○の中に分度器の中心を当てる練習です。○から中心が出ないようにし、分度器を左右に少し回転させる練習をハンドルを操作するゲームのように行います。

❷角の頂点が●で示された問題で分度器の中心を●に合わせ、ずれないようにして線と分度器の「水平線」を合わせます。

これらの活動では、ワーキングメモリの視空間領域や協調運動が必要となります。

●ステップ3～4

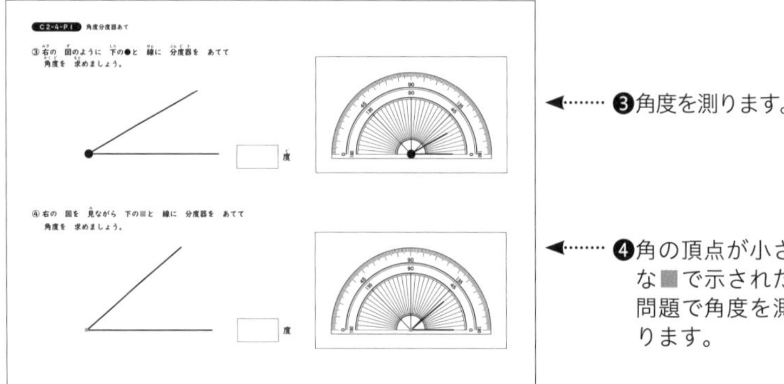

❸角度を測ります。

❹角の頂点が小さな■で示された問題で角度を測ります。

教科書や問題集にある角度も、頂点に●や■を書いて中心を合わせやすくしましょう。慣れたら、徐々に手立ては減らしていきましょう。

[プリントC2-4-P2]
P2では、手順を見ながら自分で角度を描く練習に取り組みましょう。

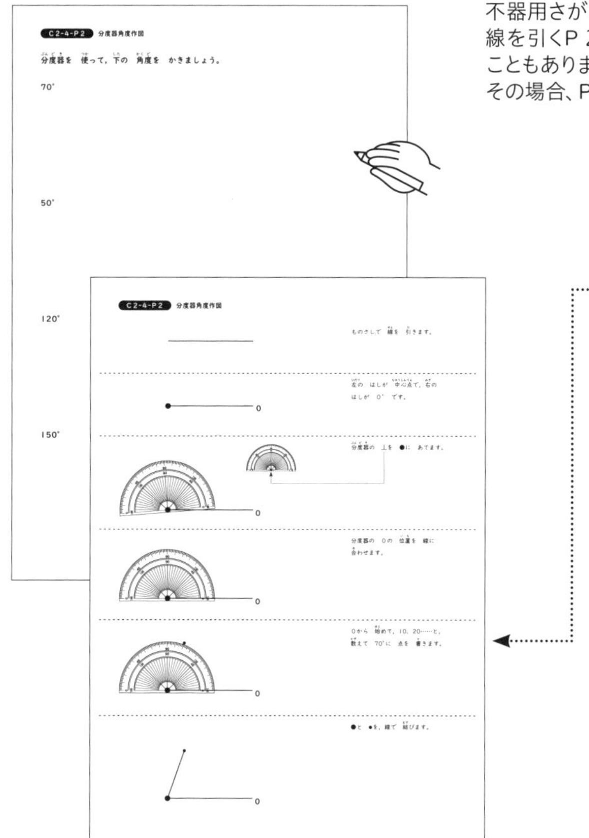
C2-4-P2 分度器角度作図

分度器を 使って、下の 角度を かきましょう。

70°

50°

120°

150°

C2-4-P2 分度器角度作図

ものさしで 線を 引きます。

左の はしが 中心点で、右の はしが 0° です。

分度器の 上を ●に あてます。

分度器の 0の 位置を 線に 合わせます。

0から 始めて、10、20……と、数えて 70°に 点を 書きます。

●と ●を、線で 結びます。

不器用さがない子どもでは、自分で線を引くP 2のほうが理解しやすいこともあります。
その場合、P1は省略して構いません。

❺ステップ5では、数字を0から数え上げるようにしています。これは、数量処理に弱さがあり、おおよその角の大きさを判断しにくい子どもが、序数的に大きさを判断しやすくする意図があります。

POINT

分度器で角度を測ったり、指定の角度の角を描いたりすることは、多くの情報の処理を行い、細かなステップを順番に実行する必要があり、これをとても難しく感じる子どもがいます。ただスモールステップに分けて学習するだけでなく、焦点化するポイントや作業量を絞った支援をしましょう。

C2-5

学習内容

計器を組み合わせて作図する

コンパスや分度器による作図

こんな子に

たくさんおぼえられない……

道具がたくさんあって混乱する

こんな支援を

一つひとつのステップにじっくり取り組む

WMに関する困難

言語領域

・一度にたくさんの手順を言葉で言われると覚えられない。

視空間領域

・自分の手やコンパスの針、点の位置を同時に覚えておきにくい。

・複数の器具を同時に把握しにくい。

数量処理

角の大きさや線の長さのメドを立てにくい。

弱さに配慮し強さを生かした支援

●短所補償

・作図のために必要な作業をスモールステップ化して、一つひとつ学習します。
・一つひとつのステップにじっくり取り組み、次のステップに素早く移行します。

●長所活用

・言語領域を支えにして、視空間領域や数量処理の働きをスムーズにします。

スモールステップ

・一つひとつのステップでしっかり立ち止まりつつ、全体の流れを把握できるよう、間髪入れずに次のステップに取り組みましょう。

［プリントC2-5-P1］
分度器を使った作図は、必要に応じて、「C2-1」や「C2-4」のプリントに戻ります。

●ステップ1～6

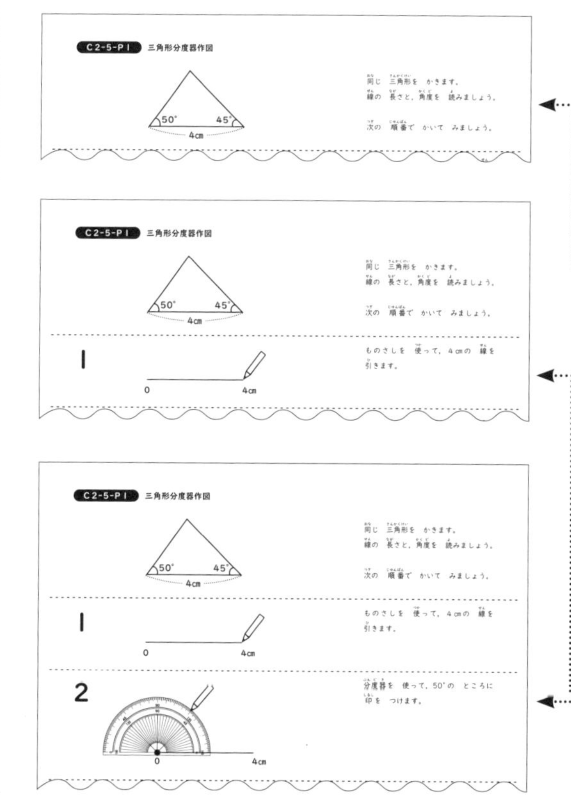

最初からすべてのステップを見ると、ワーキングメモリに負担となる子どもがいます。そうした場合はプリントを折り、1ステップずつ取り組みます。

最初のステップでは、一旦問題をよく見ます。ワーキングメモリに弱さのある子どもでは、立ち止まって考えずに次に進む場合があるためです。

その後のステップは、78～79ページで学習したものの組み合わせです。

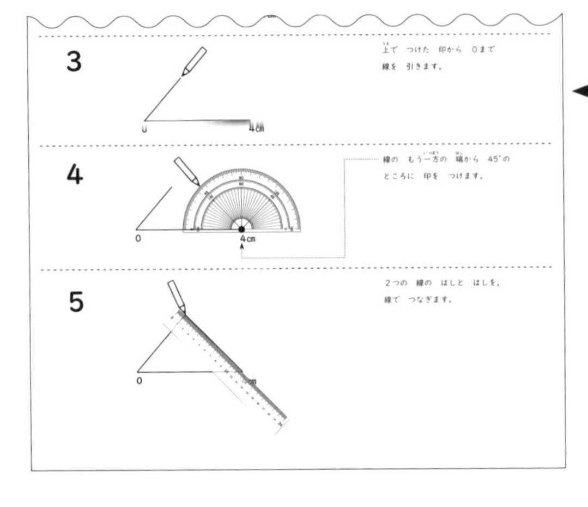

一つひとつ最後のステップまで折り開いて取り組みます。
すべての手順を一度に見ることを好む子どもの場合は、プリントを折らずにすべての手順を見ながら取り組みます。

学習してから数日後に復習します。

※手順は必要に応じて見ます。

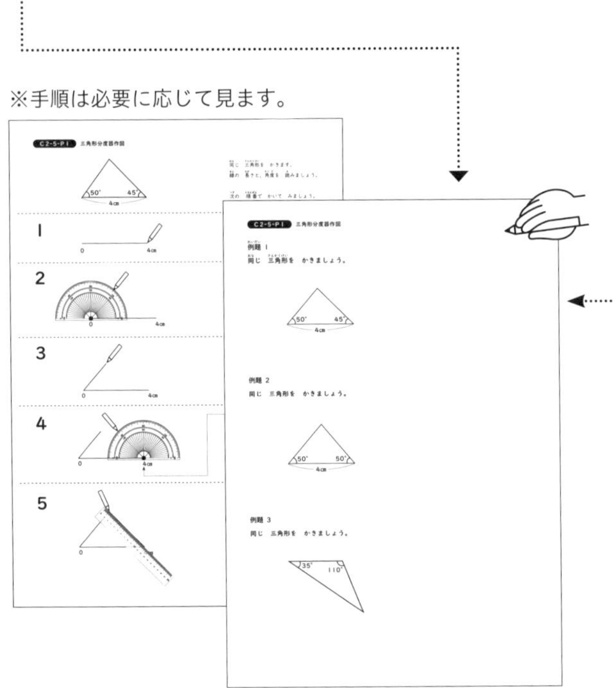

作図のように複雑な手順がある学習は、何度も復習して定着させます。その際は、2枚目の例題に取り組み、必要に応じて手順を見ます。
また、一旦学習していれば手順のプリントは折り開かず、一度にすべてを見せて構いません。一度に見ることによって、ワーキングメモリ上に手順の全体が表象されるようにします。

［プリント C2-5-P2］

ここまで学習した内容の組み合わせで、ひし形を作図します。

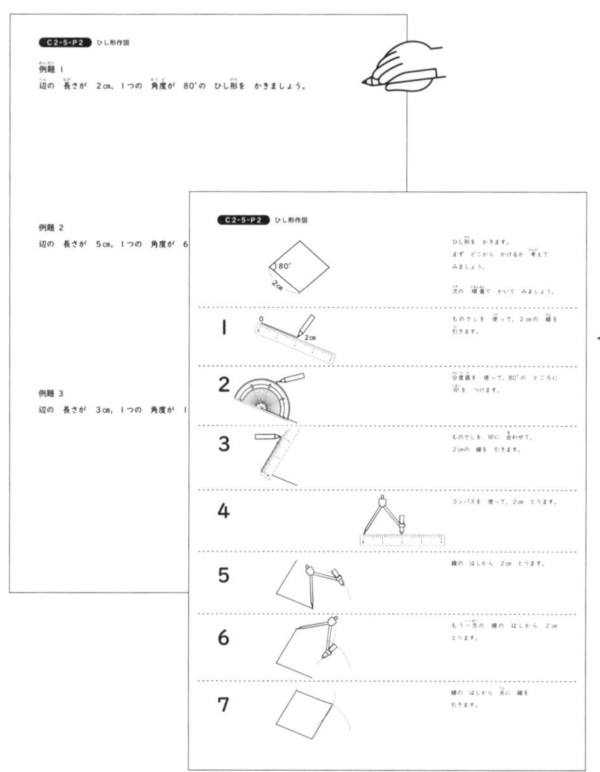
C2-5-P2 ひし形作図

例題 1
辺の 長さが 2cm, 1つの 角度が 80°の ひし形を かきましょう。

例題 2
辺の 長さが 5cm, 1つの 角度が 6

例題 3
辺の 長さが 3cm, 1つの 角度が 1

C2-5-P2 ひし形作図

ひし形を かきます。
まず どこから かけるか 考えて みましょう。

次の 順番で かいて みましょう。

1 ものさしを 使って, 2cmの 線を 引きます。

2 分度器を 使って, 80°の ところに 印を つけます。

3 ものさしを 印に 合わせて, 2cmの 線を 引きます。

4 コンパスを 使って, 2cm とります。

5 線の はしから 2cm とります。

6 もう一方の 線の はしから 2cm とります。

7 線の はしから 点に 線を 引きます。

ひし形の作図では扱う計器が増えるため、一つひとつ立ち止まりながら学習を進めます。

コンパスできれいな円を描くことが難しい子どもでも、このような同じ長さをとるための操作はできることがよくあります。作図の中でコンパスを使えると達成感をもちやすいので、こうした学習でコンパスを積極的に使います。

子どもの様子を見ながら、4つの辺の長さが等しいというひし形の性質から、コンパスを使うことが有効だということに気づけるようにするとよいでしょう。

まず、最後まで図形を描くことをゴールにしましょう。正確さを求めすぎて各ステップで時間がかかると、全体の流れを一つの学習として把握しにくくなります。手順に慣れてきたら、一つひとつの作業の正確さが増すように取り組みましょう。

学習内容

さまざまな視点から文章題を学ぶ

文章題とワーキングメモリ

こんな子に

たろうは紙を12まい買いました。1まいが45円でした……

読んだけど、わすれた……

文章を読んでいるだけで理解できない

こんな支援を

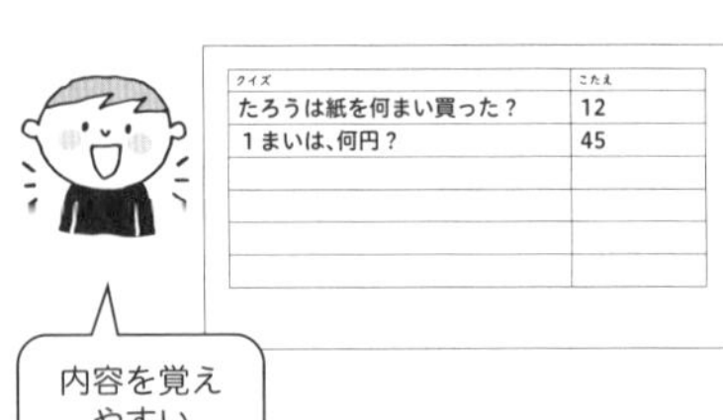

クイズ	こたえ
たろうは紙を何まい買った？	12
1まいは、何円？	45

内容を覚えやすい

文章題をクイズにして学習する

WMに関する困難

言語領域

・読むことに力をとられて内容理解に至らない。

・文章の内容を忘れる。

視空間領域

・文章が表す状況をイメージしにくい。

数量処理

文章に書かれている数字の量をイメージしにくい。

弱さに配慮し強さを生かした支援

●短所補償

・文章題の内容をわかるように提示する方法や整理する形式を工夫する。

●長所活用

・文章題の表す状況を経験し、それを支えにする。
・知っている言葉や状況に置き換えた文章題で学習する。

文章題における子どもの困難を理解するための視点

本書では、算数の内容を「計算」と文章題や図形などの「問題解決」に分け、子どもの困難を理解するための視点として“数量処理”と“ワーキングメモリ”を挙げています（8ページ参照）。しかし、「問題解決」の課題を解くことに関わる力はそれだけではなく、①注意、②言語的な能力、③一般的な知識や算数固有の知識・概念、④読みなどもあります。

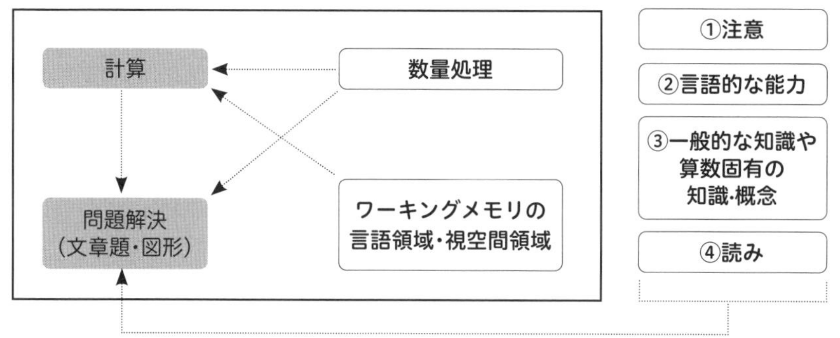

①注意

文章題では自分で問題解決へのイメージを作ります。他のことに注意が移らないようにして算数の問題に注意を向けたり、難しい問題に長い時間注意を向けたりする力は文章題の学習に影響します。

［支援方法］

問題数を極端に減らします。

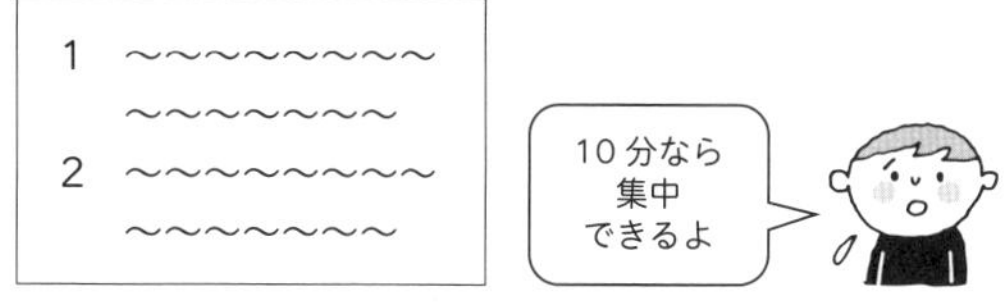

プリントや宿題の問題の数を「いくつにするか」という視点からではなく、「○分で終わる」という視点から取り組む量を決めましょう。そのために計算の速さを実測します。集中できる時間は少しずつ少しずつ伸ばします。

②言語的な能力

言葉の音を処理する力は計算に影響します。例えば、「３×□＝９」では「さざんがく」から「ざん」を取り出さなければいけません。計算へのこうした影響は問題解決にも及びます。また、語彙量が影響することもあります。「誤りを見つけましょう」という問題では「誤り」ではないものを知っている必要があります。
文章題では文章が示す指示を理解する必要があるのです。

[支援方法]

簡単な文章にして示し、語彙力をつけていきます。

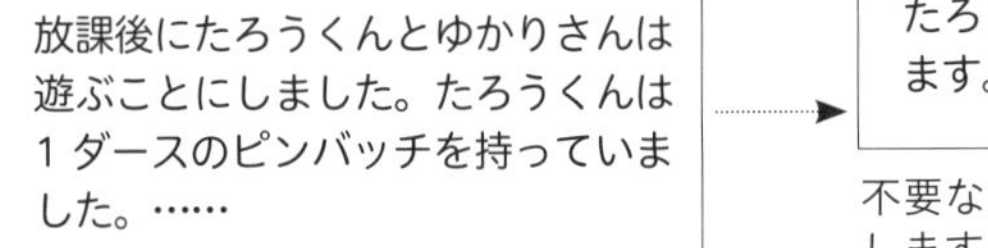

放課後にたろうくんとゆかりさんは遊ぶことにしました。たろうくんは１ダースのピンバッチを持っていました。……

たろうは 12 このビー玉を持っています。……

不要な文は削り、難しい言葉を簡単にします。

※数量処理が弱い子どもでは、文章題の問題文はそのままで、数を小さくするだけで解けるときもあります。

③一般的な知識や算数固有の知識・概念

一般的な経験が少なく、文章題に書かれている状況がイメージできないことがあります。また、「１人に２つずつ」「和」「のぞくと」「時速」「分数」など、算数固有の操作や言葉・概念を理解していないと文章題を解くことができません。

[支援方法]

例えば、バスの乗客数についての文章題がわからない場合は、バスに乗る体験をします。

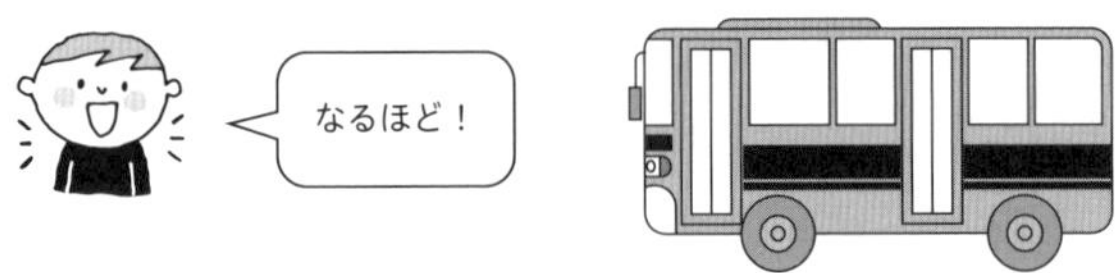

④読み

読みに困難があると文章を読んで理解することは難しくなります。読むことはできるが、読む速度が遅い場合も同様です。

［支援方法］

支援者やパソコンのアプリによる、問題文の代読を行いましょう。読みの学習をして、読む力をつけていきます。

［プリント C3-1-P1］　▷▷文章の内容を想起する

数量処理やワーキングメモリに弱さがある子どもでは文章を読んでも内容を覚えていないことがあります。P1 を使って文章について質問し、子どもが思い出しながら文章の内容を覚えやすくします。

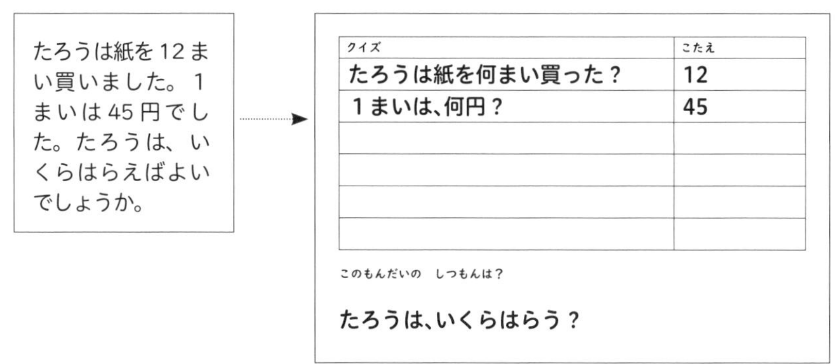

たろうは紙を 12 まい買いました。1 まいは 45 円でした。たろうは、いくらはらえばよいでしょうか。

クイズ	こたえ
たろうは紙を何まい買った？	12
1 まいは、何円？	45

このもんだいの　しつもんは？

たろうは、いくらはらう？

1 つの文章題につき、1 つの質問を作ります。文章題を読んだら子どもがその質問に答えます。複数の内容が 1 つの問題文に入り組んでいるときは、質問を分けましょう。基本的に、1 つの質問で 1 つの答えを求めるようにします。

C3-2

学習内容

3つの数がある文章題

3つの数の計算

こんな子に

おはじきが　7個　ありました。
2個　使いました。
妹に　3個　あげました。
何個　残って　いますか。

足すの？
引くの？

数のやりとりの様子がわからない

こんな支援を

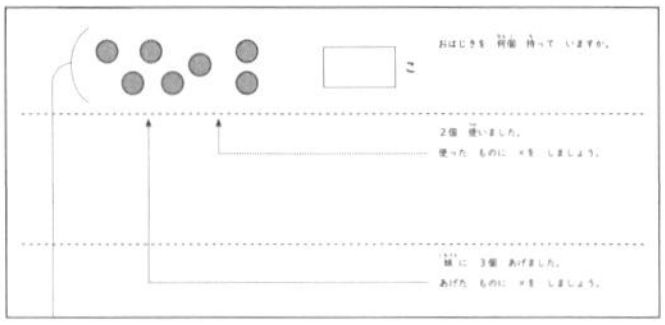

ひき算だね！

解き方のイメージを先に学習する

WMに関する困難

言語領域

・複数の情報を同時に処理することが難しい。

視空間領域

・問題が表す状況をイメージしにくい。

数量処理

数が増減したときのイメージを持ちにくい。

弱さに配慮し強さを生かした支援

●短所補償

・言語領域と視空間領域、両方の情報を結びつけやすくします。

●長所活用

・解き方を先にイメージして理解し、それを言葉で表すようにします。

スモールステップ

・一つひとつのステップをエラーレスで学習します。
・1つのステップを終えたら、すぐに次のステップに進みます。

[プリントC3-2-P1]
文章を読むだけではイメージに結びつきにくいため、先に解き方のイメージを理解してから文章題に取り組みます。

●プレテスト　ステップ5の「まとめ」

まとめ
おはじきが　7こ　ありました。
2こ　つかいました。
妹に　3こ　あげました。
何こ　のこって　いますか。
4 こ

間違えた場合、誤答のイメージが消えてから（数分後～数日後）に取り組みます。

文章題を読むだけでは、間違えた解き方をイメージしてしまいます。また、ワーキングメモリに弱さがあると、間違えた後で正しい解き方を説明しても、誤答のイメージを忘れることが難しい場合があります。

●ステップ1～5　紙を折って進めます。

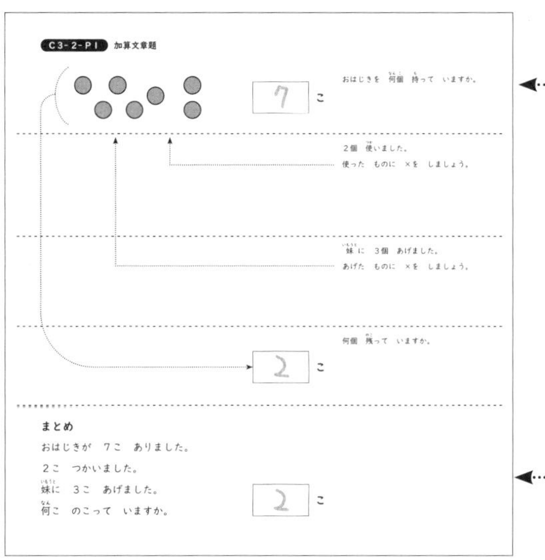

C3-2-P1　加算文章題

おはじきを　何個　持って　いますか。
7 こ

2個　使いました。
使った　ものに　×を　しましょう。

妹に　3個　あげました。
あげた　ものに　×を　しましょう。

何個　残って　いますか。
2 こ

まとめ
おはじきが　7こ　ありました。
2こ　つかいました。
妹に　3こ　あげました。
何こ　のこって　いますか。
2 こ

そこで、誤答のイメージが消えてからステップ1～4で正しいイメージづくりに取り組みます。

ステップ5の「まとめ」では、正しいイメージを言語化して理解できるようにします。

●ポストテスト

まとめ
おはじきが　7こ　ありました。
2こ　つかいました。
妹に　3こ　あげました。
何こ　のこって　いますか　2　こ

数日後、または数か月後に「まとめ」の部分だけでテストします。間違えた場合は、ステップ1から復習します。

［プリントC3-2-P2］

P2は加算と減算を組み合わせた文章題です。式や計算を切り替える必要があるため、P1より難易度が高くなります。

●ステップ1～5

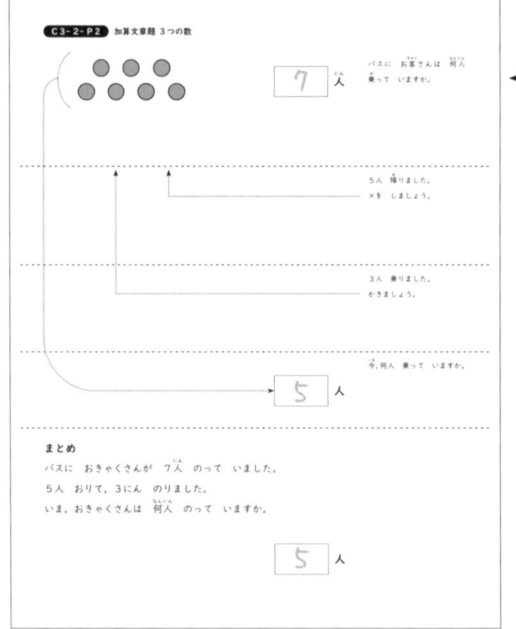

C3-2-P2　加算文章題 3つの数
バスに　お客さんは　何人　乗って　いますか。　7　人
5人　降りました。
×を　しましょう。
3人　乗りました。
かきましょう。
今，何人　乗って　いますか。　5　人
まとめ
バスに　おきゃくさんが　7人　のって　いました。
5人　おりて，3にん　のりました。
いま，おきゃくさんは　何人　のって　いますか。
5　人

P1と同様に、プレテストやポストテストを組み合わせて使用します。
紙を折り開きながら、各ステップに取り組みます。

エラーレスで学習することを心がけます。途中のステップでわからなくなった場合は無理に進めず、子どもに合わせてステップを改良します。

COLUMN

折りプリントの作り方

折りプリントは支援者自身で作ることができます。89ページの「C3-2-P1」は典型的な折りプリントのひとつです。

①子どもが間違えやすい問題をピックアップする

教えれば教えるほど混乱したり、パニックになったりする子どもがいます。計算ならできるのに、文章題になると間違えてしまう問題を、まずテストしてピックアップします。教科書や学校のテスト、市販の問題集を題材にします。

ピックアップするときは不正解だった問題だとは伝えません。

おはじきが　7こ　ありました。
2こ　つかいました。
妹(いもうと)に　3こ　あげました。
何(なん)こ　のこって　いますか。

②問題をスモールステップに分ける

展開したとき、解き方のイメージが一望できるようにし、各ステップを折って取り組めるように設定します。

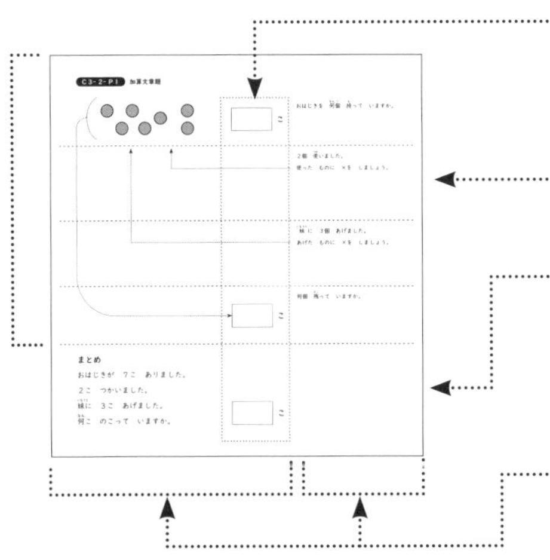

答えの数を書く場所に注目させるため、枠の位置を揃えます。

1つのステップで、子どもが1つの反応をするようにします。

プレテストで間違えた問題は最後のステップ(まとめ)に配置します。

子どもが解き方をイメージすることに集中できるよう、解き方のイメージと言葉の指示を分けます。

学習内容

状況をイメージしながら文章題に取り組む

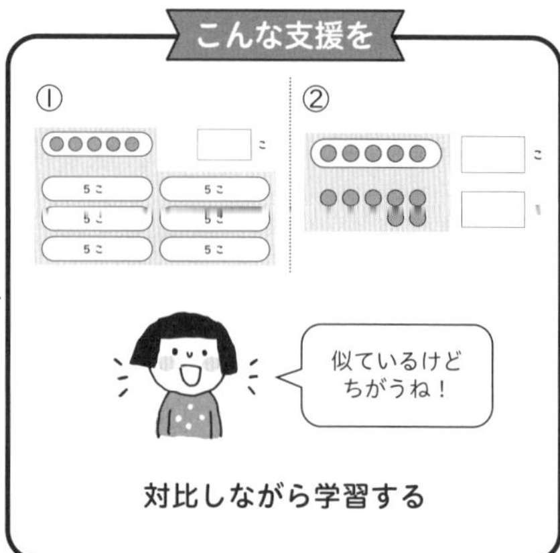

WMに関する困難

言語領域

・文章を読んでも、その状況をイメージしにくい。

視空間領域

・問題が表す状況をイメージしにくい。

数量処理

問題の表す状況を量のイメージをしながら理解しにくい。

弱さに配慮し強さを生かした支援

●短所補償

・似ている問題を比較して、違いをわかるようにする。

●長所活用

・問題の表す状況や解き方のイメージを先に理解して、それを基に問題文と結びつけられるようにします。

スモールステップ

・新しい学習が始まると、既習の似ている問題を思い出してしまい、混乱します。新しい学習の解き方を理解してから、既習の問題と組み合わせて学習するなどして、定着させます。

［プリント C3-3-P1］

文章を読むだけでは状況をイメージしにくいため、先にイメージを理解してから文章題に取り組みます。

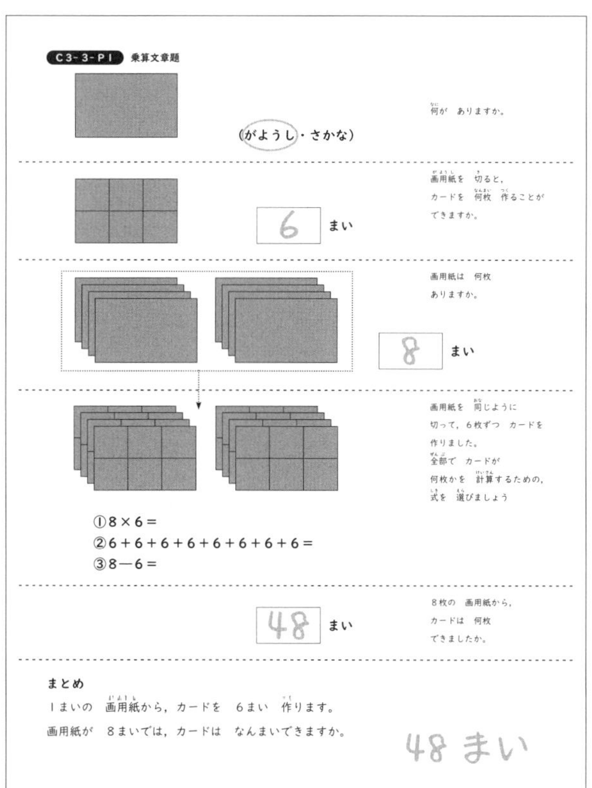

C3-3-P1　乗算文章題

何が　ありますか。

（がようし・さかな）

画用紙を　切ると、
カードを　何枚　作ることが
できますか。

6　まい

画用紙は　何枚
ありますか。

8　まい

画用紙を　同じように
切って、6枚ずつ　カードを
作りました。
全部で　カードが
何枚かを　計算するための、
式を　選びましょう

①8×6＝
②6＋6＋6＋6＋6＋6＋6＋6＝
③8—6＝

8枚の　画用紙から、
カードは　何枚
できましたか。

48　まい

まとめ

1まいの　画用紙から，カードを　6まい　作ります。
画用紙が　8まいでは，カードは　なんまいできますか。

48まい

文章題を読むだけでは、かけ算であることがわかりにくい子どもでは、状況を1つずつ表し、1ステップごとに理解しながら進めます。

こうした問題はたし算でも解決することができ、それは必ずしも間違いとはいえません。変更しにくい子どもでは、たし算での解決も許容します。文章題を解決することが主な目的なので、たし算をかけ算に変換するプロセスは計算の学習として取り組みましょう。

［プリント C3-3-P2］

文章を読むだけでは、たし算とかけ算を区別して立式しにくい子どもでは、それぞれの問題を比較して学習します。

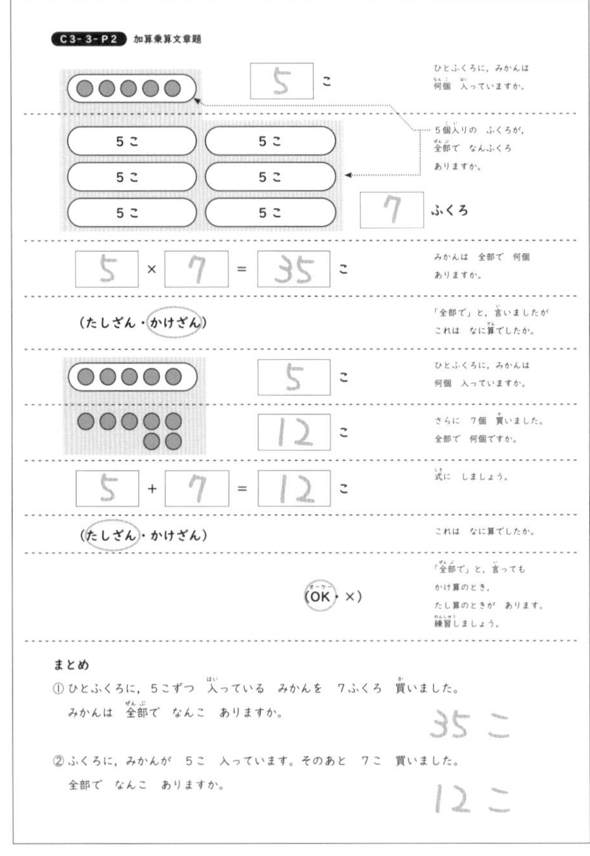
C3-3-P2 加算乗算文章題

ひとふくろに，みかんは 何個 入っていますか。 5 こ

5個入りの ふくろが，全部で なんふくろ ありますか。 7 ふくろ

みかんは 全部で 何個 ありますか。 5 × 7 = 35 こ

「全部で」と，言いましたが これは なに算でしたか。（たしざん・かけざん）

ひとふくろに，みかんは 何個 入っていますか。 5 こ

さらに 7個 買いました。全部で 何個ですか。 12 こ

式に しましょう。 5 + 7 = 12 こ

これは なに算でしたか。（たしざん・かけざん）

「全部で」と，言っても かけ算のとき，たし算のときが あります。練習しましょう。（OK・×）

まとめ

① ひとふくろに，5こずつ 入っている みかんを 7ふくろ 買いました。みかんは 全部で なんこ ありますか。 35こ

② ふくろに，みかんが 5こ 入っています。そのあと 7こ 買いました。全部で なんこ ありますか。 12こ

単元による学習の場合、たし算の文章題ではたし算の立式だけを、かけ算の文章題ではかけ算の立式だけを行うため、立式の困難が顕在化しないことがあります。

P2のように、たし算、ひき算、かけ算、わり算を区別することを目的とするために、それぞれを混ぜたプリントを作成しましょう。
ワーキングメモリに弱さがあり、切り替えることに困難があるときに必要な学習です。

［プリントＣ3-3-Ｐ3～Ｐ6］

内容は似ていて、答え方が異なる問題には、プリントを対比しながら違いに注目するようにすると、取り組みやすくなります。

P3

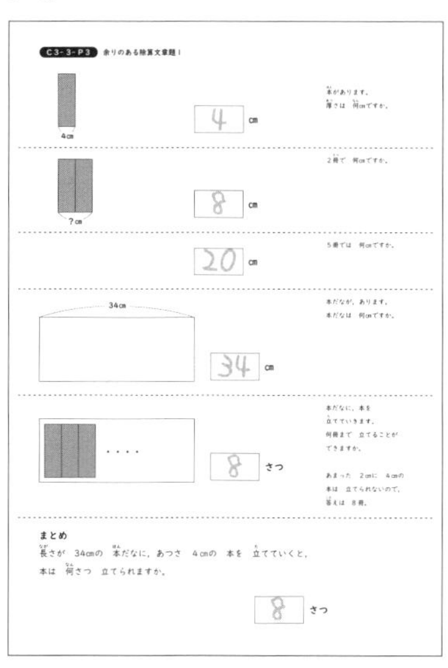

C3-3-P3　余りのある除算文章題１

本が あります。
厚さは　何cmですか。

4cm

4 cm

2冊で　何cmですか。

? cm

8 cm

5冊では　何cmですか。

20 cm

本だなが，あります。
本だなは　何cmですか。

34cm

34 cm

本だなに，本を
立てていきます。
何冊まで　立てることが
できますか。

あまった　2cmに　4cmの
本は　立てられないので，
答えは　8冊。

8 さつ

まとめ
長さが　34cmの　本だなに，あつさ　4cmの　本を　立てていくと，
本は　何さつ　立てられますか。

8 さつ

P4

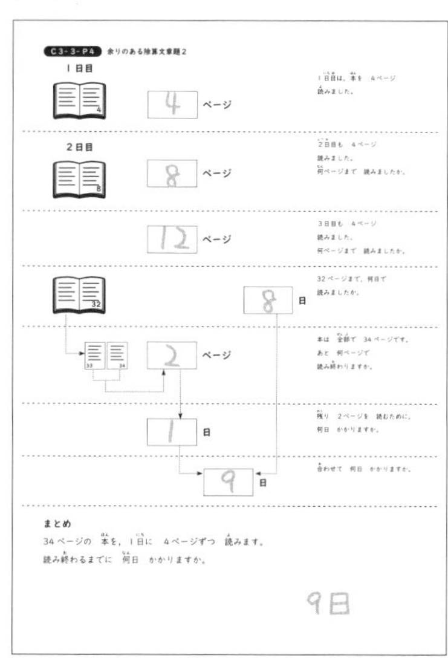

C3-3-P4　余りのある除算文章題２

１日目

１日目は，本を　4ページ
読みました。

4 ページ

２日目

２日目も　4ページ
読みました。
何ページまで　読みましたか。

8 ページ

３日目も　4ページ
読みました。
何ページまで　読みましたか。

12 ページ

32ページまで，何日で
読みましたか。

8 日

本は　全部で　34ページです。
あと　何ページで
読み終わりますか。

2 ページ

残り　2ページを　読むために，
何日　かかりますか。

1 日

合わせて　何日　かかりますか。

9 日

まとめ
34ページの　本を，１日に　4ページずつ　読みます。
読み終わるまでに　何日　かかりますか。

9日

Ｐ３とＰ４を対比しながら、かけ算の考え方で取り組みます。１つずつ理解できれば、Ｐ３とＰ４の類題を混ぜたプリントを作って取り組むとよいでしょう。

次に、Ｐ５とＰ６のプリントを使って、Ｐ３とＰ４と同様の問題に、わり算の考え方で取り組みます。わり算のあまりの数を、それぞれどのように答えに反映するかを理解できるようにします。

外見は似ているがやり方が異なる問題で混乱するときは、それぞれを対比しながら学習するようにします。

C3-4

学習内容

問題の最初や途中に未知数がある文章題

未知数を含む文章題

こんな子に

ある　数から　8を　ひくと，6に　なります。
ある　数は，いくつですか。

文章題の最初や途中に未知数があるとわからない

こんな支援を

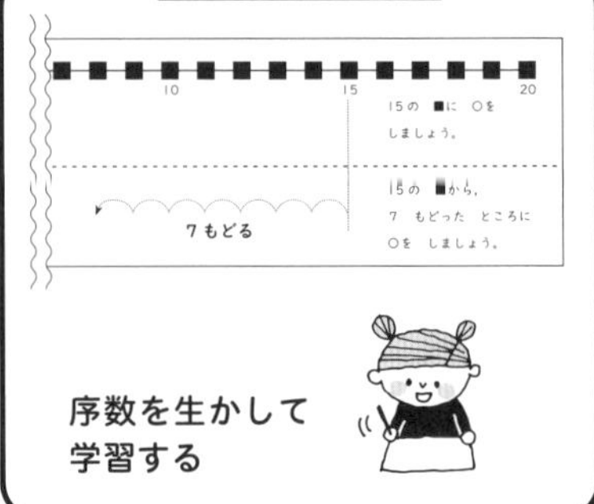

序数を生かして学習する

WMに関する困難

言語領域

・複数の情報を同時に処理することが難しい。

視空間領域

・問題が表す状況をイメージしにくい。

数量処理

・数が増減したときのイメージをもちにくい。
・未知数を記号やマークなどに置き換えにくい。

弱さに配慮し強さを生かした支援

●短所補償

・量をイメージしなくても解けるように支援します。

●長所活用

・序数、順番の情報、カウンティングを活用して計算します。
・量が増える・減ることをイメージするのではなく、直線上で進む・戻るという手順で学習します。

スモールステップ

- 最初の数や途中の数が未知数の文章題は一般的に難しいものです。
- 視空間領域が強い子どもでは、問題の表すイメージができるように支援しましょう。
- 視空間領域が弱い子どもでは、序数を用いて解決を試みましょう。

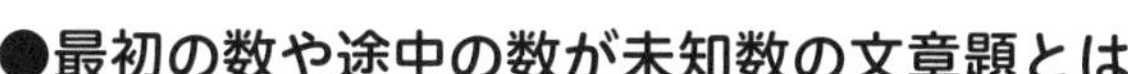

●最初の数や途中の数が未知数の文章題とは

「あひるが何羽かいました。2羽やってきたら、全部で7羽になりました。はじめに何羽いたでしょうか」や「あひるが5羽いました。何羽かやってきたら、全部で7羽になりました。やってきたのは何羽でしょうか」という問題は、求める数(未知数)が最初、または途中にあります。絵にするとわかりますが、状況をイメージしにくく、一般的に難しい問題です。

●数量処理、視空間領域の強さ·弱さで説明を使い分ける

数量処理に弱さがある一方で、視空間領域に強さがある場合は、98ページのように視空間領域の強さを生かした教え方をしてみましょう。

数量処理や視空間領域に弱さがあると、このような問題の状況をかなり丁寧に説明しても理解しにくいことがあります。こうした場合や、簡単な計算でも指計算が続いている場合は、99ページのように序数を活用した教え方を行います。あるいは学習を回避して、もう少し計算の力が向上してから取り組むことも考えられます。

●子どもにやり方を聞き、子どもに応じて変える

ここに示したのは問題解決の一例に過ぎません。子どもが普段行っている問題の解決方法をよく聞き取り、子どものやり方に合わせて支援も変えていきましょう。

視空間領域に強さがある場合［プリントC3-4-P1］

視空間領域に強さがある場合、視空間領域を生かした説明を行いドットをカウンティングすることで解決することもできます。もし、指計算をしていたら、P2のように序数を生かしたやり方も試みます。

●ステップ1

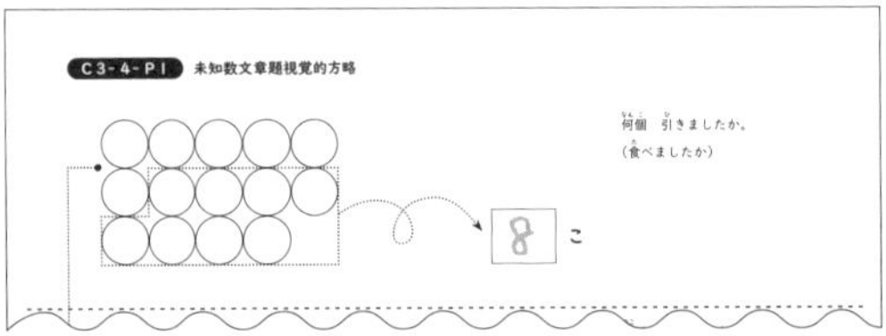

C3-4-P1 未知数文章題視覚的方略

何個　引きましたか。
（食べましたか）

8 こ

説明を聞かずにドットを数え始めることがあるので、最初に正しい指示をしましょう。「引いた」の言葉がわかりにくい子どもでは「食べた」など、子どもがわかる言葉を使いましょう。そうすることで言語領域の弱さを補います。

●ステップ2

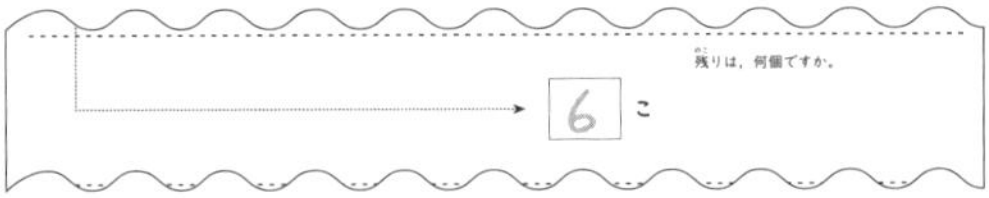

残りは，何個ですか。

6 こ

●ステップ3

最初の　数から　8を　引くと，
6個　残りました。
最初は，いくつ　ありましたか。

さいしょ 14 こ

最初にドットが全部でいくつあったかを数えて書きます。

●ステップ4

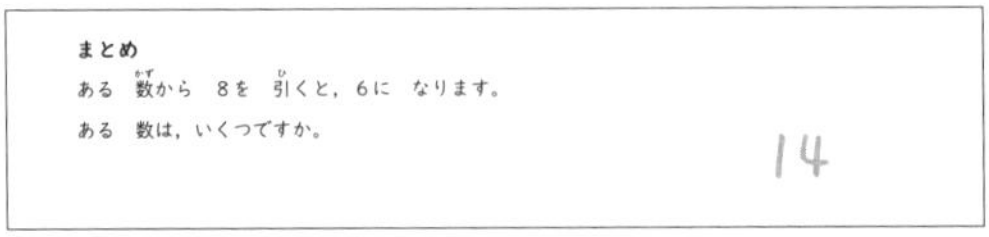

まとめ
ある　数から　8を　引くと，6に　なります。
ある　数は，いくつですか。

14

「まとめ」ではここまでの操作を言語化し、言語領域の弱さを補います。

数回取り組んでも理解が難しい場合は、P2のように序数を活用して理解を試みます。

視空間領域に弱さがある場合［プリントC3-4-P2］

数量処理や視空間領域に弱さがあったり、簡単な計算でも指計算を続けたりしている場合は、カウンティングや序数を生かした方法で学習します。

●ステップ1

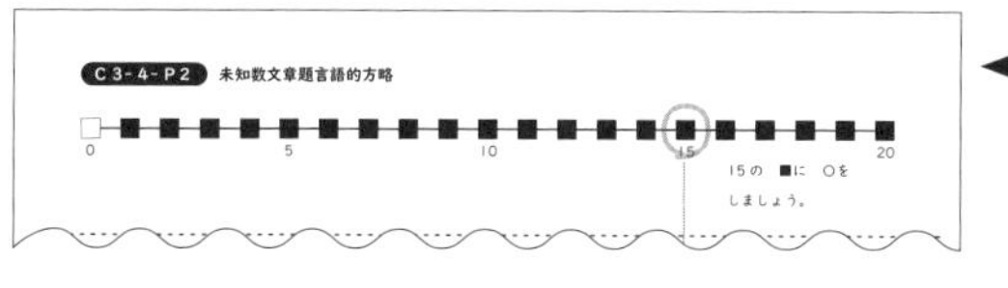

❶数直線における計算のやり方を確かめます。数直線上のドットを数えることで、「量」を処理することに弱さがあっても、カウンティングで処理することができます。

●ステップ2～3

❷❸戻ったところが「8」であることをカウンティングで確かめて書きます。

「まとめ1（ステップ1～3）」までのやり方で、異なる数字の問題に取り組んでみましょう。慣れたらステップ4に進みます。

●ステップ4

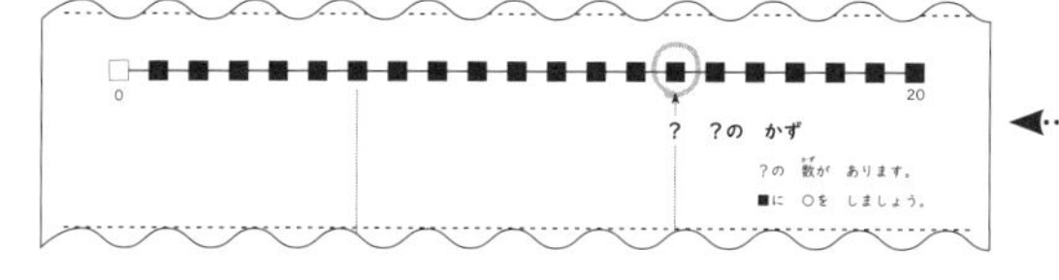

❹未知数を「?の数」と呼び、○をつけることで、数量処理に弱さのある子どもが認識しやすくします。

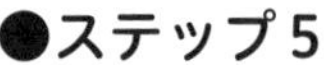

●ステップ5

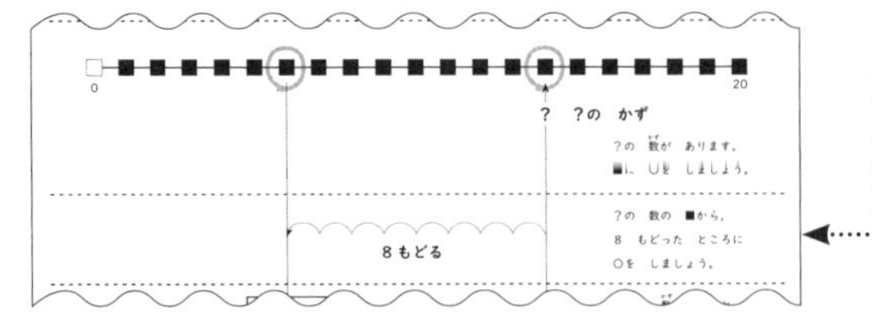

❺「まとめ1」までと同じ操作で「8もどる」操作を行います。同じ操作を活用することで、長期記憶を生かします。

●ステップ6

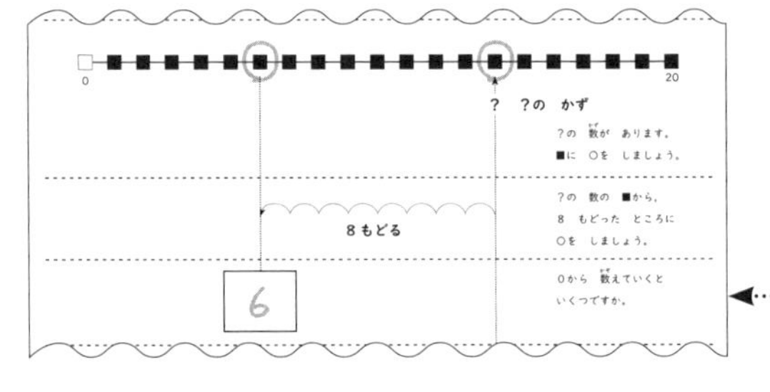

❻「1、2、3……」とカウンティングして、○をした場所がいくつかを書きます。カウンティングすることで、数量処理や視空間領域の弱さを補うことができます。

●ステップ7

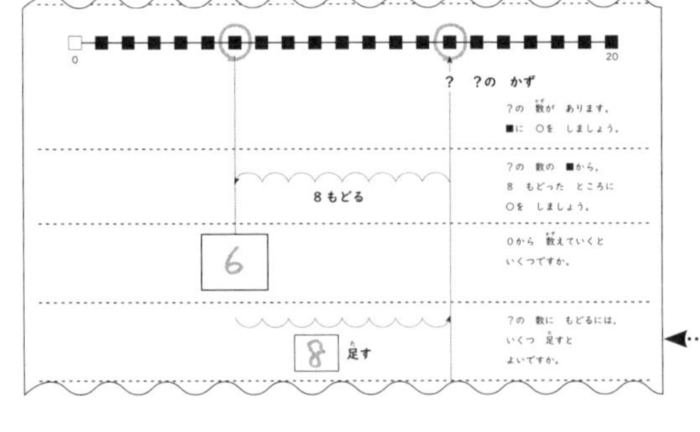

❼「?」の数がいくつであるかを知るためには、戻った「8」を足すことを確かめます。

●ステップ8

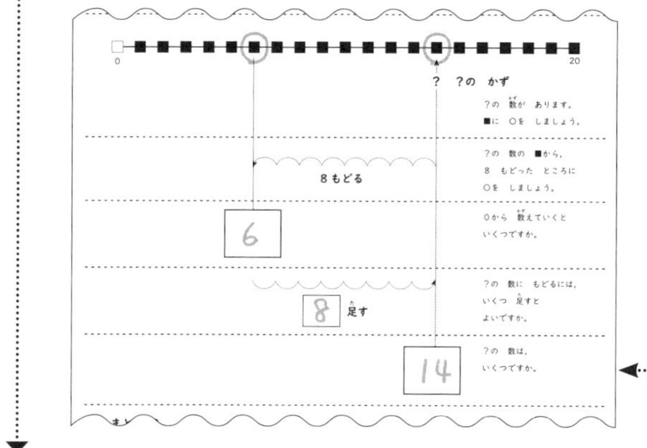

❽「6」に「8」を足して「14」にしたり、「0」の次の■から「1，2，3……」とカウンティングしたりすることで、「?」がいくつなのかを導きます。このような操作は量のイメージが比較的少なく、数量処理の弱さを補うことができます。

●ステップ9

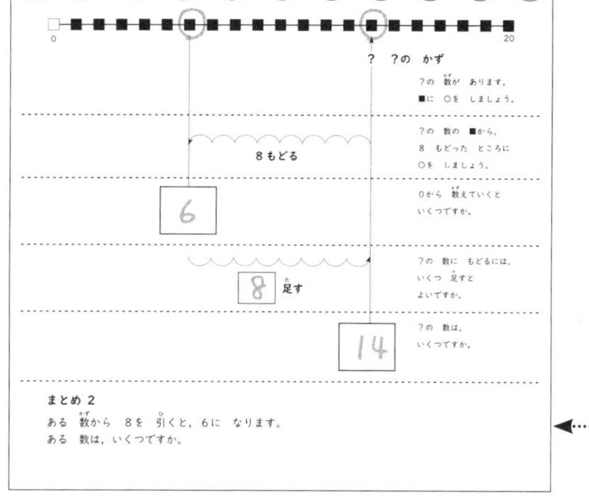

❾「まとめ2」は、ここまでの序数に基づく操作を手続きとして理解したものを言語的に表現したものです。文章を基に数量や問題解決をイメージすることが難しい子どもでは、このように先に操作を示し、その操作を文章で表すと、理解しやすいこともあります。

こうしたやり方は、子どもに応じて変える必要があります。子どもの好むやり方をよく聞き取って、柔軟に対応しましょう。

C3-5

学習内容

少しずつ情報を追加して本質を理解

ものさし文章題

こんな子に

数字や単位から量をイメージしにくい

こんな支援を

プリント「C3-4-P1」（103 ページ）

少しずつ情報を追加する形で説明する

WMに関する困難

言語領域

・一度にたくさんの手順を言葉で言われると覚えられない。

視空間領域

・言語領域の情報から、視空間領域の情報につなげにくい。

数量処理

・数字を見て、どれくらいの量を表しているのか目処を立てにくい。
・ｍやcmの単位の表す量がわかりにくい。

弱さに配慮し強さを生かした支援

●短所補償

・量の理解には、０から少しずつ付け加える形で順番に説明します。

●長所活用

・順番に提示されたイメージを言語的に説明して理解します。

スモールステップ

・「１ｍのものさし３つ分と、あと70cm」という表現は、数量処理や視空間領域に弱さのある子どもにとって、具体的に実感をもって理解することが難しい場合があります。イメージを加算する形で示し、言語化することで学習しやすくします。

［プリント C3-5-P1］

●ステップ１〜３

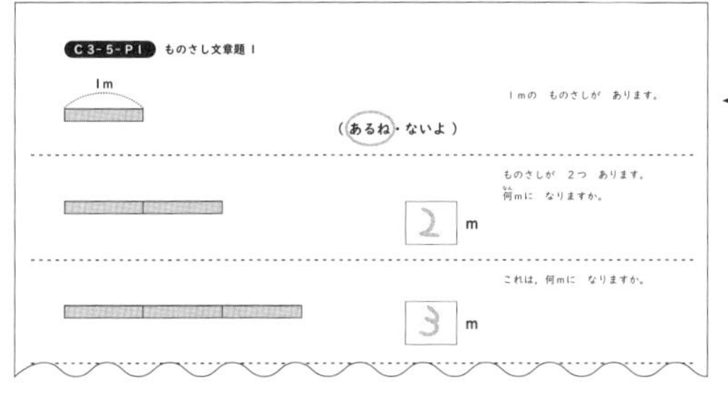

❶❷❸「１ｍのものさしが３つ」という言葉から、その状況のイメージを作るために、ものさしを１つから始めて少しずつ増やします。数量処理や視空間領域に弱さがある子どもでは、３ｍのものさしを分解するよりも、こうした加算方式のほうが理解しやすいようです。

●ステップ４〜５

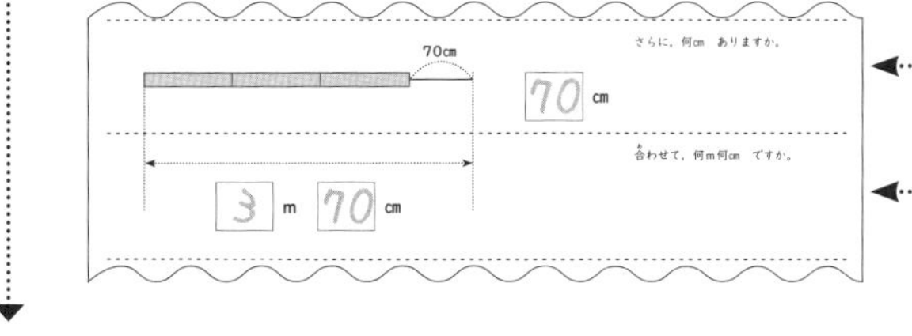

❹単位が別のものであることに注目します。

❺ここまでのステップの数字を集約します。

●ステップ6

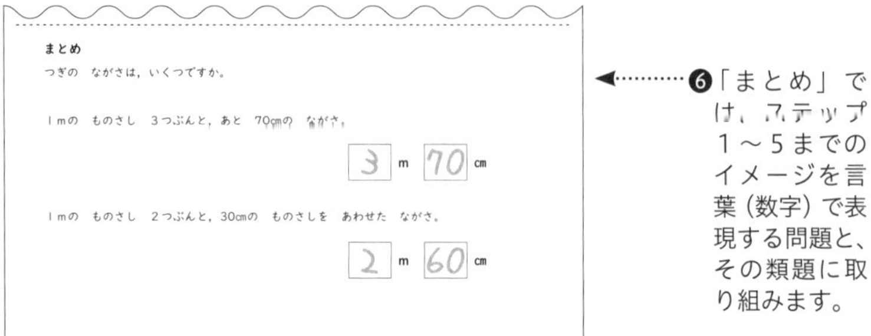
まとめ

つぎの　ながさは，いくつですか。

1mの　ものさし　3つぶんと，あと　70cmの　ながさ。

3 m 70 cm

1mの　ものさし　2つぶんと，30cmの　ものさしを　あわせた　ながさ。

2 m 60 cm

❻「まとめ」では、ステップ1～5までのイメージを言葉（数字）で表現する問題と、その類題に取り組みます。

数量処理やワーキングメモリに弱さがある子どもでは、数字を当てはめるだけで問題を解決することを好むことがあります。類題にも取り組み、意味理解を促します。

［プリントC3-5-P2］

文章題では、「○○さんが」「つくえの長さをはかった」などといった情報が妨害刺激となり、子どもは混乱します。ステップごとに最低限の情報を提示していき、状況を理解しやすくします。

●ステップ1～4

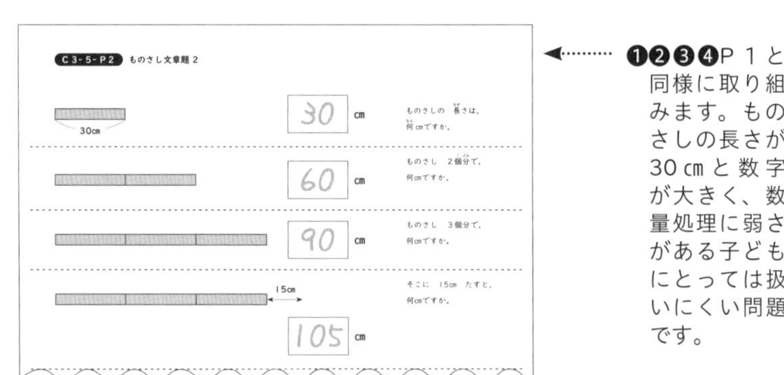
C3-5-P2　ものさし文章題2

30cm

30 cm　ものさしの　長さは，何cmですか。

60 cm　ものさし　2個分で，何cmですか。

90 cm　ものさし　3個分で，何cmですか。

15cm

そこに　15cm　たすと，何cmですか。

105 cm

❶❷❸❹P1と同様に取り組みます。ものさしの長さが30㎝と数字が大きく、数量処理に弱さがある子どもにとっては扱いにくい問題です。

●ステップ5～7

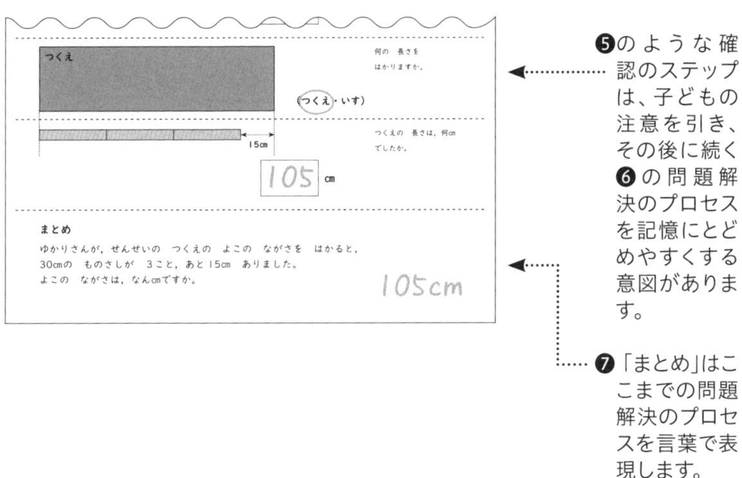

❺のような確認のステップは、子どもの注意を引き、その後に続く❻の問題解決のプロセスを記憶にとどめやすくする意図があります。

❼「まとめ」はここまでの問題解決のプロセスを言葉で表現します。

このようなものさしの問題は、具体的場面を表している文章題ではありますが、求めていることは抽象的です。そのため、数量処理やワーキングメモリに弱さのある子どもがうまく対応できないことがあります。
この状況を説明するために、全部のものさしを一度に示してそれを分解するやり方にすると（3m70cmを表す1本のテープ図を示し、1mを3つと70cmでそれぞれ区切るなど）、数量処理に弱さのある子どもでは混乱が生じることがあります。分解するよりは、何もないところに加算していくやり方で考えるほうが理解しやすい場合があります。
また、「ものさし」や「定規」など、さまざまな用語がありますが、基本的にはその子どもが理解しやすい用語を用いるとよいでしょう。ワーキングメモリに弱さがあると新しいことを同時に学ぶことに制約があるためです。

C3-6

学習内容

自分で問題に取り組む手がかりを学ぶ

自己解決方略の学習

こんな子に

ゆかりさんが，先生の 机の 横の 長さを 測ると 30cmの ものさしが 3個と，15cm ありました。横の 長さは，何cmですか。

問題文から必要な情報を取り出せない

こんな支援を

ステップ1　文章の分析
数の説明

	数	説明	□問題が求めていること
数を説明します	30		
	3		
	15		□特別条件

枠組みに沿って、内容を整理できるようにする

WMに関する困難

言語領域

・問題についてたくさん説明されると混乱する。

・少し前に試みたことを忘れて、試行錯誤しにくい。

視空間領域

・問題の表す状況をイメージしにくい。

数量処理

数字を見て、どれくらいの量（答え）になるのか目処を立てにくい。

弱さに配慮し強さを生かした支援

●短所補償

・計画的に進めたり、試行錯誤したりしなくてよいように工夫します。

●長所活用

・決まった枠組み（手続き）を基に置き換えて取り組みます。

スモールステップ

・文章題で汎用的に使える共通の枠組みを示し、それに沿って問題に取り組んでいきます。

［プリント C3-6-P1］

文章題の内容を理解でき、既習の式や方略に結び付けられれば、自分で解決できるのではないかと思われる子どもでは、汎用的なフォーマットを使って、いろいろな問題に取り組む経験を増やします。

使い方

<問題例>

ゆかりさんが，先生の 机の 横の 長さを 測ると 30cmの ものさしが 3個と，15cm ありました。横の 長さは，何cmですか。

決まった型で文章題を分析するためのプリントです。書いてある内容をイメージとして表し、立式して計算する流れで使用します。

支援者が問題の解き方を教えるということではなく、子どもが自分で進められるように相談しながら問題に取り組みます。

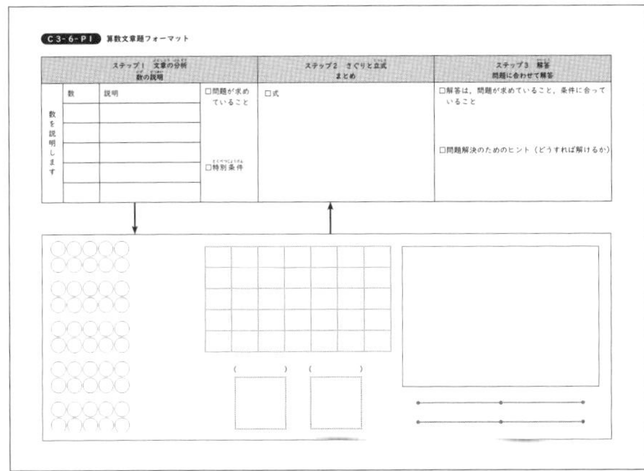

C3-6-P1　算数文章題フォーマット

ステップ1　文章の分析 数の説明				ステップ2　さぐりと立式 まとめ	ステップ3　解答 問題に合わせて解答
数を説明します	数	説明	□問題が求めていること □特別条件	□式	□解答は，問題が求めていること，条件に合っていること □問題解決のためのヒント（どうすれば解けるか）

ワーキングメモリに弱さがある子どもは、解決するための方略を頭に浮かべることが難しいことがあります。それをサポートするプリントです。

●ステップ１
数をピックアップする

ゆかりさんが，先生の 机の 横の 長さを 測ると 30 ｃｍの ものさしが ３個と，15 ｃｍ ありました。横の 長さは，何ｃｍですか。

ステップ１　文章の分析 数の説明			
数を説明します	数	説明	□問題が求めていること
	30		
	3		
	15		
			□特別条件

❶最初に文章を読み、数字だけを抜き出して左の枠に書きます。

数量処理やワーキングメモリに弱さがあり、文章を読んで自分で手がかりを見つけることが難しい子どもが、自分で手がかりを見つけるため、まず数に注目するという意図があります。

数について説明し、求められていることを書く

ステップ１　文章の分析 数の説明			
数を説明します	数	説明	□問題が求めていること よこの長さは何センチ？
	30	ものさしの長さ	
	3	ものさしが３つ	
	15	あと 15cmぶん	
			□特別条件

次に、数が表しているものが何かの説明を書きます。右の枠には、問題が何を求めているかを書きます。ワーキングメモリに弱さのある子どもでは、数が何を意味しているかを曖昧に捉えて覚えていなかったり、問題が何を求めているかを忘れたりすることがあるからです。

問題に固有の条件があるときは、その下に書きます。

絵や図をかく

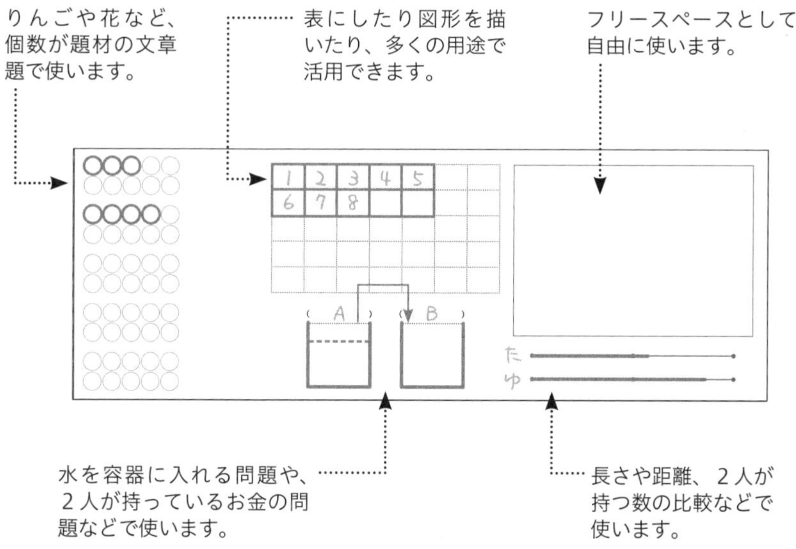

●ステップ２～３ 式を書き、単位などを確かめる

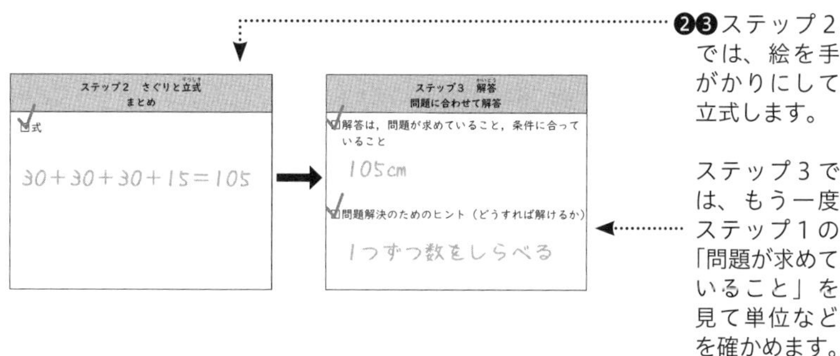

C4-1

学習内容

問題の意味を理解して長さを計算する

周りの長さの比較

こんな子に

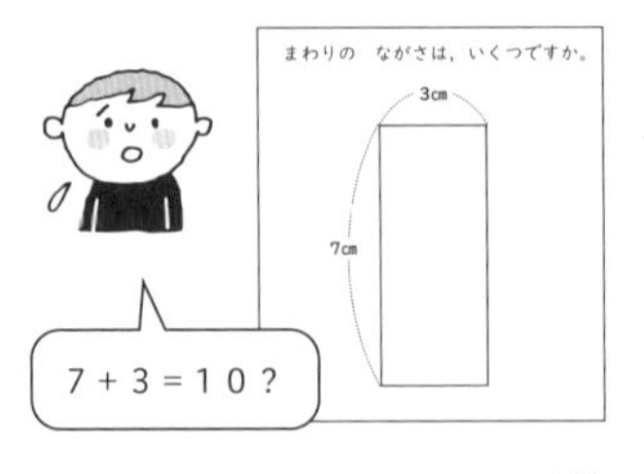

図形に書かれた数字だけで計算する

こんな支援を

必要な情報だけを提供し、徐々に情報を追加していく

WMに関する困難

言語領域

・問題についてたくさん説明されると混乱する。

・複数の情報から答えを求める過程で、その内容を覚えていられない。

視空間領域

・言語領域の情報を、視空間領域の情報に結びつけにくい。

数量処理

数字を見て、どれくらいの量（答え）になるのか目処を立てにくい。

弱さに配慮し強さを生かした支援

●短所補償

・必要な箇所に数字を記入させ、問題の意味を理解して解き進められるようにします。

●長所活用

・図形や数に、「A」や「B」などの言語的な名前をつけて認識しやすくします。

スモールステップ

・一度に全体図を見ると、問題文を十分に理解せず、図に書かれている数字に反応して間違った解き方を考えてしまうことがよくあります。必要な情報に注目できるようにして、問題が意味することを理解するようにします。

［プリント C4-1-P1］

長方形の周囲の長さを求めるときに、図に書かれた数だけで計算することがよくあります。必要な情報だけを順を追って提示していきます。

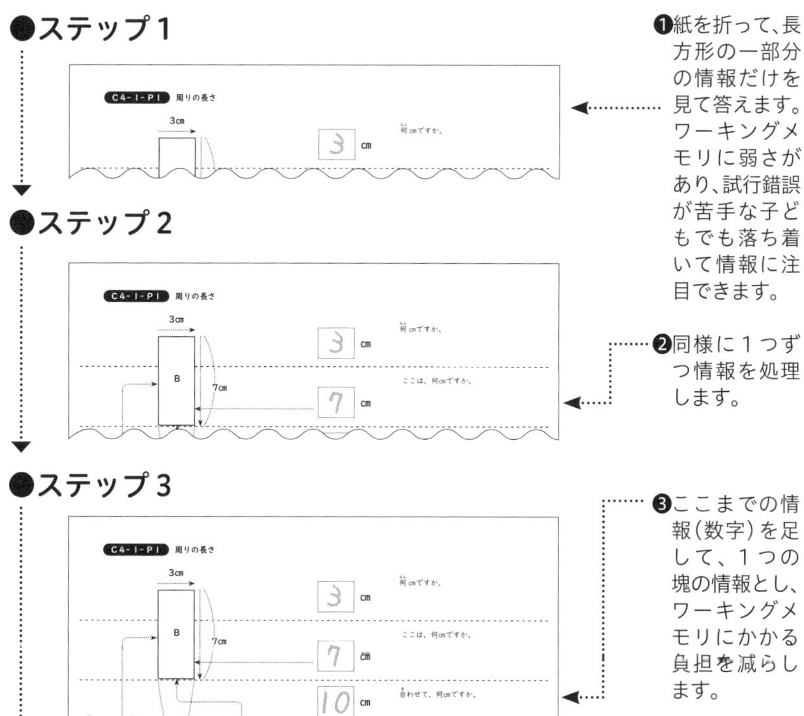

●ステップ4～5

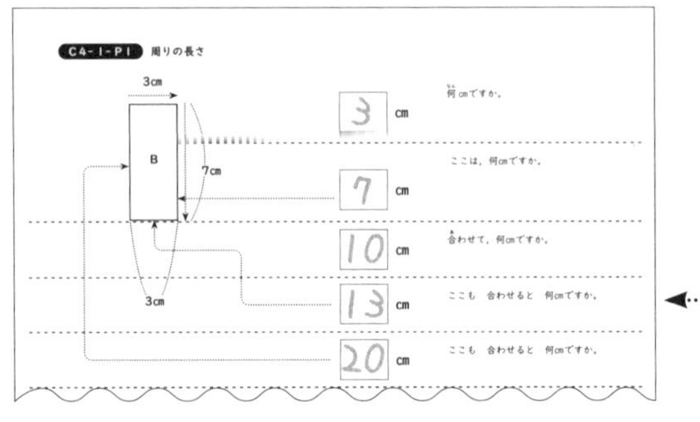

❹❺さらに注目すべき数を見て計算します。ここではそれぞれの数字を書かずに、反対側の辺を見て長さを読み取ります。

このように、徐々に例示を減らしながら、自分で情報を読み取れるようにしていきます。

●ステップ6～7

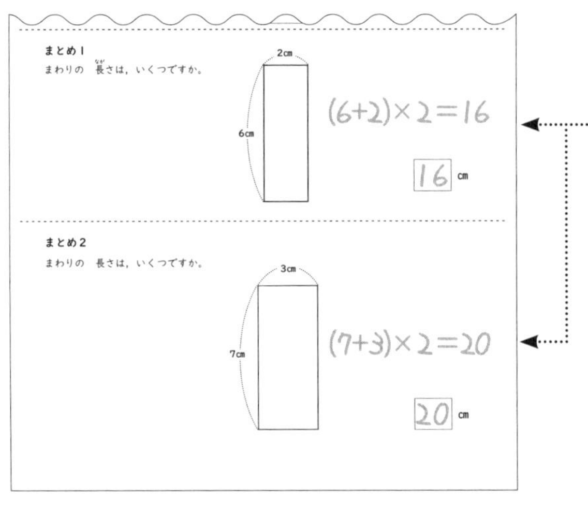

❻❼類題に取り組んで、問題の形に慣れます。

［プリント C4-1-P2］

P1で学習したことを組み合わせた問題につなげていきます。P1で周囲の長さを求める学習をしているため、簡易なステップで2つの図形の周囲の長さを計算します。

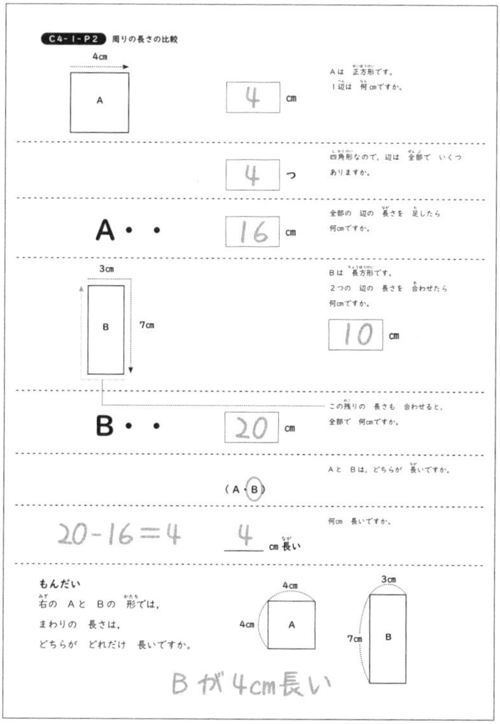

C4-1-P2　周りの長さの比較

4cm　A

4 cm　Aは　正方形です。1辺は　何cmですか。

4 つ　四角形なので，辺は　全部で　いくつありますか。

A・・　16 cm　全部の　辺の　長さを　足したら何cmですか。

3cm　B　7cm

Bは　長方形です。2つの　辺の　長さを　合わせたら何cmですか。

10 cm

B・・　20 cm　この残りの　長さも　合わせると，全部で　何cmですか。

（A・B）　Aと　Bは，どちらが　長いですか。

20-16=4　4 cm長い　何cm　長いですか。

もんだい
右の　Aと　Bの　形では，
まわりの　長さは，
どちらが　どれだけ　長いですか。

4cm　4cm　A　3cm　7cm　B

Bが4cm長い

A、Bなどの言語的な名前をつけることで、数量処理やワーキングメモリに弱さのある子どもが数や図形を認識しやすくします。

AとBのどちらが長いか、何cm長いかをステップに分けて取り組みます。これによってワーキングメモリの言語領域に弱さのある子どもが、答えは出てもどちらが長いか忘れてしまうことを防ぎます。

図形を中心として問題の意味を読み取っていく問題では、ワーキングメモリの言語領域・視空間領域、数量処理のいずれも強く求められます。普通に問題に取り組んでいると見過ごしてしまうようなステップを細かく分け、それぞれ立ち止まって意識しながら取り組みましょう。

C4-2

学習内容

必要な情報に注目して問題解決

直径を使う問題

こんな子に

情報が多すぎて、空間をイメージできない

こんな支援を

必要な情報だけを二次元で示す

WMに関する困難

言語領域

・問題についてたくさん説明されると混乱する。

視空間領域

・言語領域の情報を、視空間領域の情報に結びつけにくい。

数量処理

・数を分解しにくい。
・答えの目処を立てにくい。

弱さに配慮し強さを生かした支援

●短所補償

・図を示すときは、頭の中で回転させなくても済むようにしておきます。

●長所活用

・問題の形式を知識として身につけ、次に同様の問題に取り組むときの支えとします。

スモールステップ

・１つの図形の中で、あるいは複数の図形のうち、同じ部分を見つけにくいので、それらにたくさんの情報が同時に提示されると混乱するので、それらに注目できるようにしたステップで学習していきます。

［プリント C4-2-P1］

P1は、円の直径と長方形の辺が離れた場所にあるので、同じ長さになることが気づきにくい子どもで学習しましょう。

●ステップ１～２

●ステップ３～４

●ステップ５～６

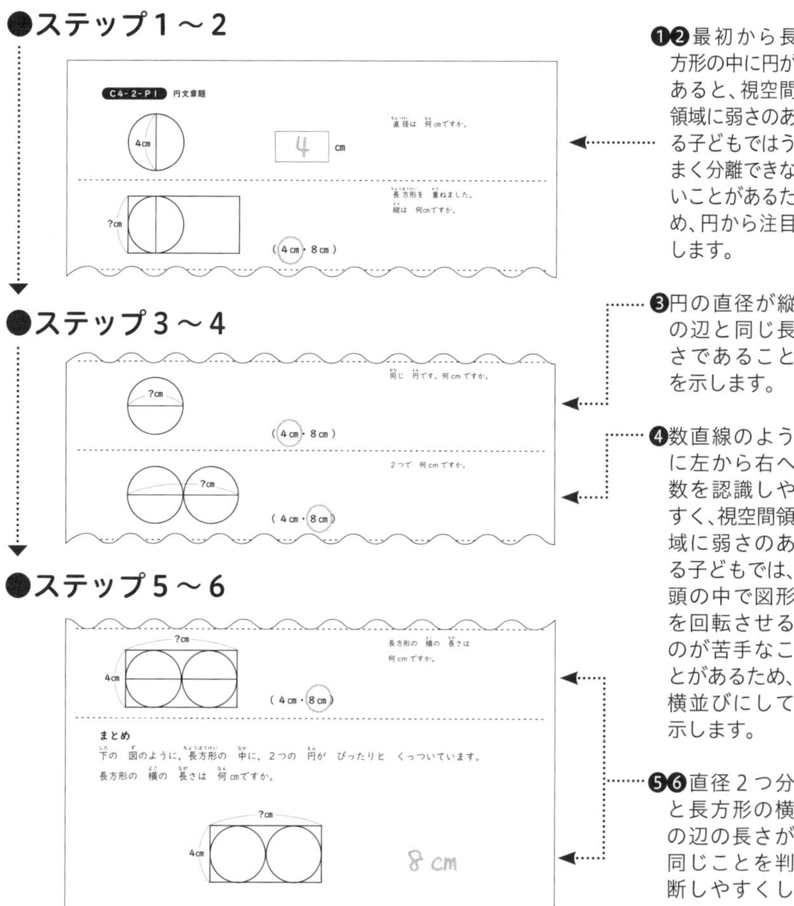

❶❷最初から長方形の中に円があると、視空間領域に弱さのある子どもではうまく分離できないことがあるため、円から注目します。

❸円の直径が縦の辺と同じ長さであることを示します。

❹数直線のように左から右へ数を認識しやすく、視空間領域に弱さのある子どもでは、頭の中で図形を回転させるのが苦手なことがあるため、横並びにして示します。

❺❻直径２つ分と長方形の横の辺の長さが同じことを判断しやすくします。

［プリント C4-2-P2］

複数の円の直径を組み合わせて長方形の辺の長さと同じであることを判断する課題のため、数量処理や視空間領域に弱さのある子どもでは特に丁寧に学習しましょう。

●ステップ1～2

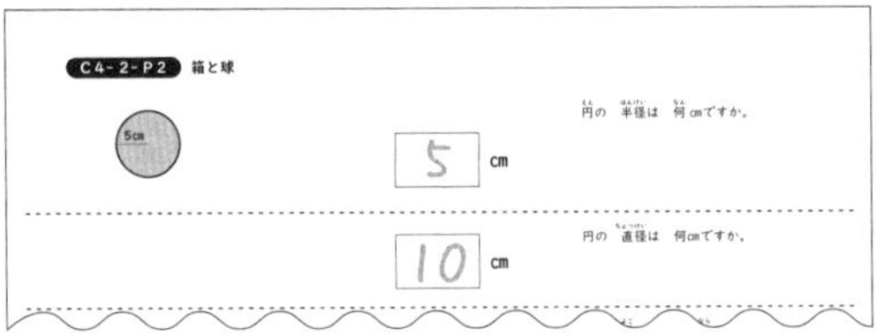

C4-2-P2 箱と球

5cm

円の 半径は 何cmですか。

5 cm

円の 直径は 何cmですか。

10 cm

❶この問題では、半径5㎝が条件として与えられます。最初のステップでは5㎝から始めて、数量処理に弱さのある子どもが取り組みやすくします。

❷次に直径に注目を移します。

●ステップ3

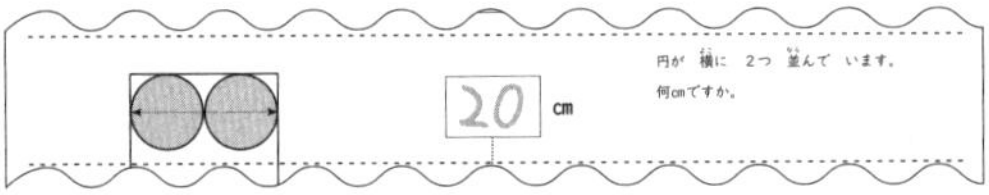

円が 横に 2つ 並んで います。何cmですか。

20 cm

❸さらに直径が2つ分あることを認識させます。

●ステップ4

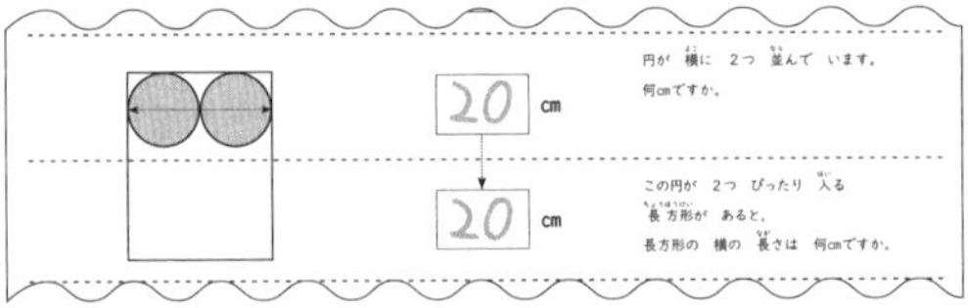

円が 横に 2つ 並んで います。何cmですか。

20 cm

この円が 2つ ぴったり 入る 長方形が あると、長方形の 横の 長さは 何cmですか。

20 cm

❹直径2つ分が箱の辺の長さと同じであることを丁寧に伝えます。

●ステップ5

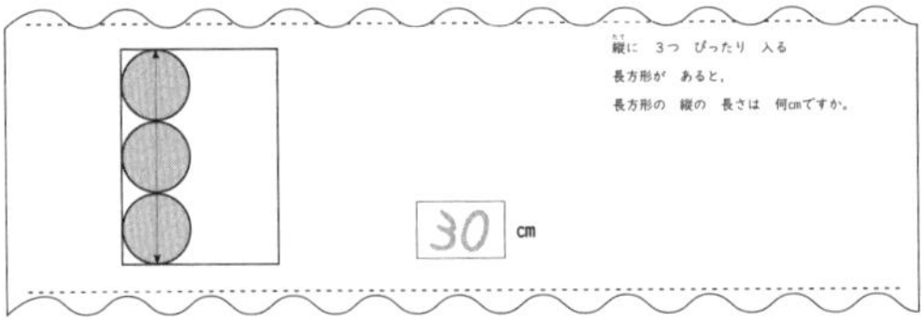

縦に 3つ ぴったり 入る 長方形が あると、長方形の 縦の 長さは 何cmですか。

30 cm

❺ここまでに学習したことを生かして、縦の長さは一度に判断させます。

●ステップ6

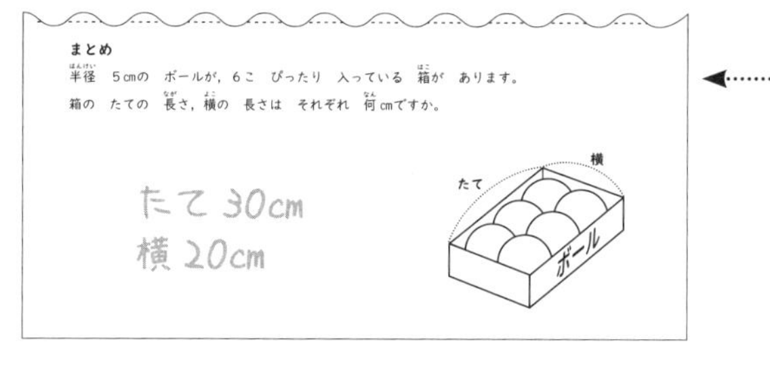

❻「まとめ」は立体になることに加え、6個のボールがあり、情報が多くなっています。そのため、視空間領域に弱さのある子どもにとってはとても難しい課題です。
そこで、ここまでのステップでは必要な情報だけを提示して、理解しやすくしています。

［プリントC4-2-P3］

大円の中に同じ大きさの小円がいくつか並んで入っていて、小円の半径を求める課題です。直線や曲線の情報が多く、視空間領域に弱さのある子どもは混乱しがちです。

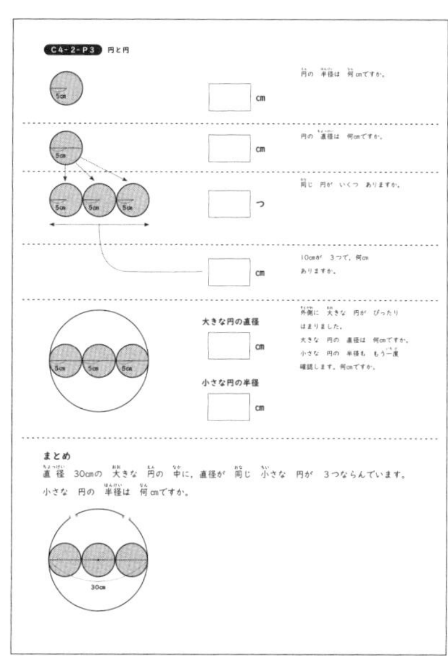

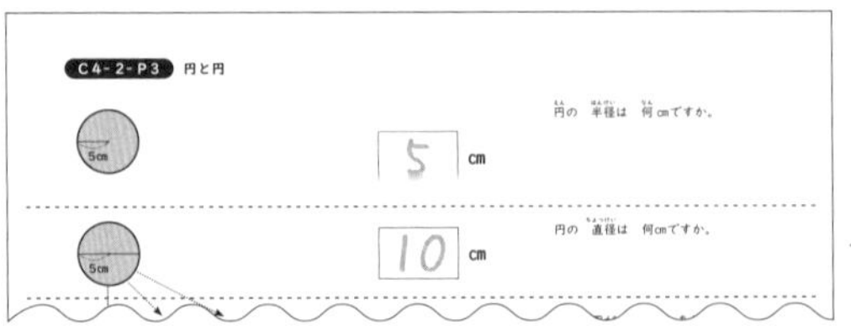

❶❷このプリントでは最後に半径を求めるため、最初のステップは半径から始め、直径につなげます。

●ステップ3～4

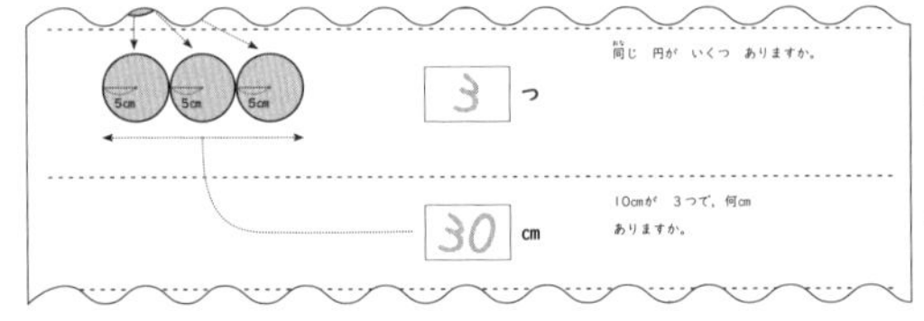

❸円が増えたとき、すぐ長さを計算するのではなく、個数を数えるステップをはさむようにします。

❹図形に書かれている数だけを計算する子どももいるため、10cmが3つ分であると確認します。

●ステップ5

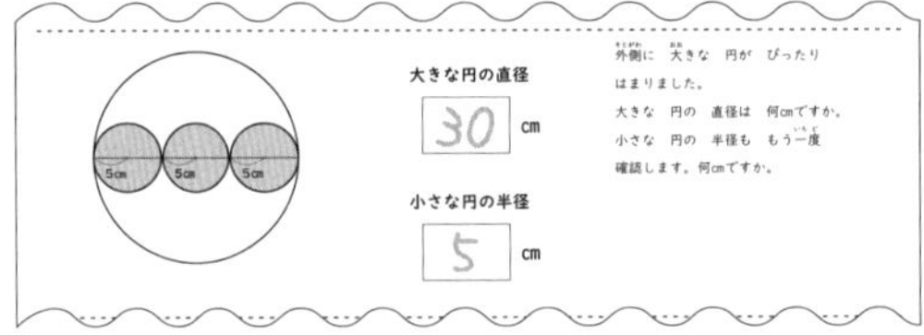

❺最後に３つの円が大きな円と重なっていることを示します。

●ステップ6

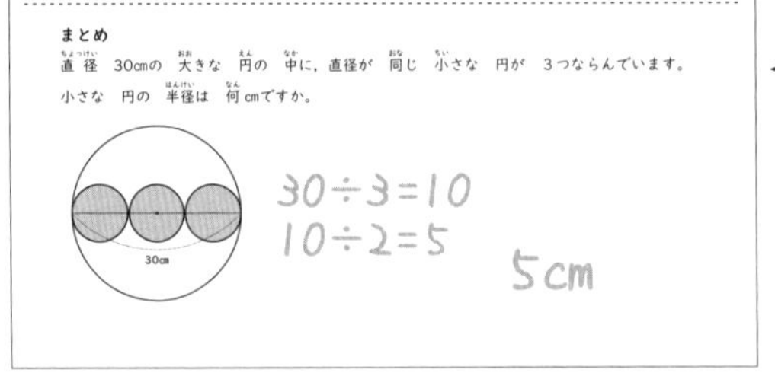

❻「まとめ」は、これまでのステップを生かし、大円の直径から分解して小円の半径を求めます。
すべてを1つのステップにすると難しい子どもでは、プリント「C4-2-P4」に取り組みます。

［プリントC4-2-P4］

P3の「まとめ」の問題を理解しにくいときは、円を分解するステップを加えたプリントにも取り組みます。

●ステップ1～5

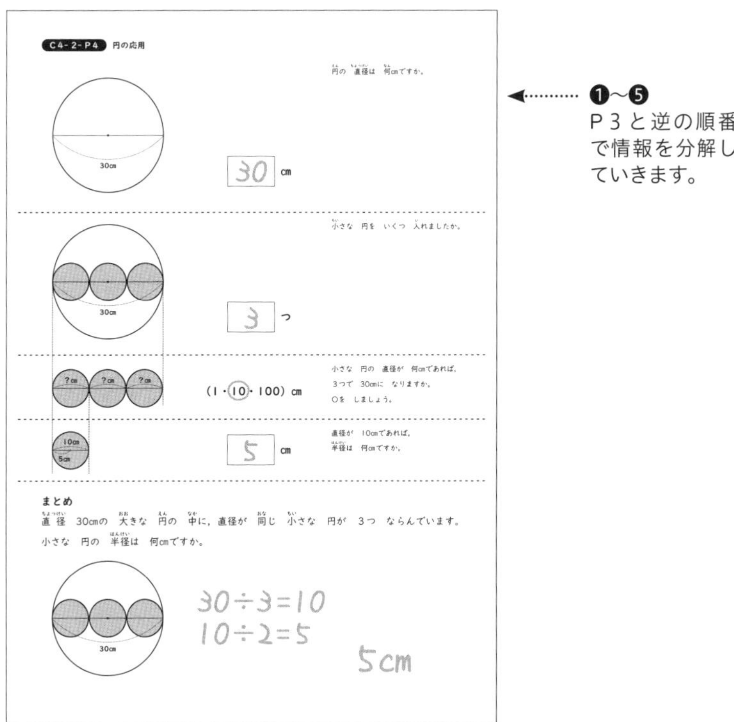
C4-2-P4　円の応用

円の直径は何cmですか。

30cm

30 cm

小さな円をいくつ入れましたか。

30cm

3 つ

?cm　?cm　?cm

(1・10・100) cm

小さな円の直径が何cmであれば、3つで30cmになりますか。○をしましょう。

10cm　5cm

5 cm

直径が10cmであれば、半径は何cmですか。

まとめ

直径30cmの大きな円の中に、直径が同じ小さな円が3つならんでいます。
小さな円の半径は何cmですか。

30cm

30÷3=10
10÷2=5
5cm

❶～❺
P3と逆の順番で情報を分解していきます。

円の直径や半径の問題ではさまざまな情報が同時に提示される課題も多く、「直径」などの言語的情報と図の視覚的情報を結びつけて考えなければならず、ワーキングメモリに弱さのある子どもにとって難しいものです。

学習内容

具体的な変化を見て意味を理解する

図形と文章を照合する

こんな子に

長方形の周りの長さは24cmです。縦を□cm、横を○cmにして、□と○の関係を式に表しましょう。

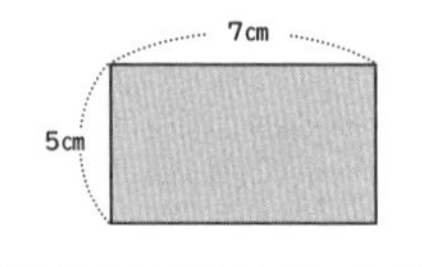

数を数字以外の記号に置き換えて考えられない

こんな支援を

たて	7	8	9	10	11
よこ	5	4	3	2	1

具体的な数字の変化から理解する

WMに関する困難

言語領域

- 視空間領域の情報を、言語領域の情報に結びつけにくい。
- 文章の表す意味を読み取りにくい。

視空間領域

- 言語領域の情報を、視空間領域の情報に結びつけにくい。
- 図の変化を理解しにくい。

数量処理

数の変化を考えることが難しい。

弱さに配慮し強さを生かした支援

●短所補償

・図の変化を数字で理解できるようにします。

●長所活用

・図形や文章の表す意味（状況）がわかると、数字や記号に置き換えやすくなります。

スモールステップ

文章の情報と図の情報を結びつけて理解し、問題を解決する必要があります。図で表されていることを、１つずつ文と結びつけていきます。

［プリント C4-3-P1］

７本のテープを、のりしろを作って１本につなげたとき、全体の長さを求める課題です。

●ステップ１

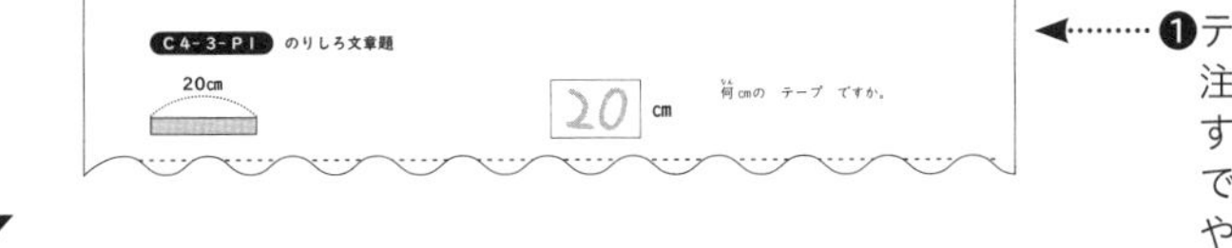

❶テープの長さに注意を向けます。答えることで、情報を覚えやすくなります。

●ステップ２

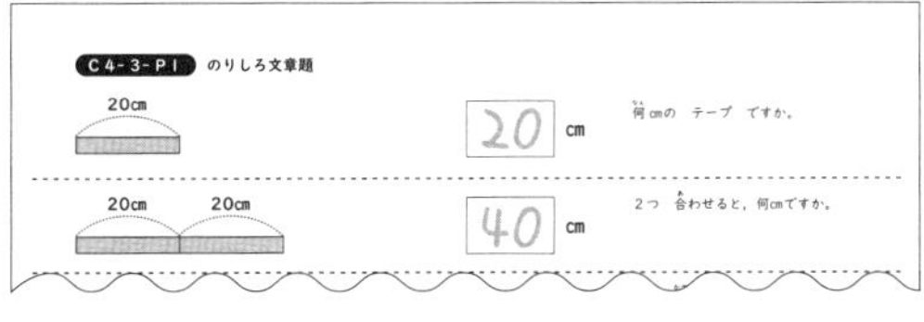

❷初めて見る状況は理解しにくいため、まずは、のりしろを作らずにテープをつなげる状況をイメージさせます。

●ステップ３

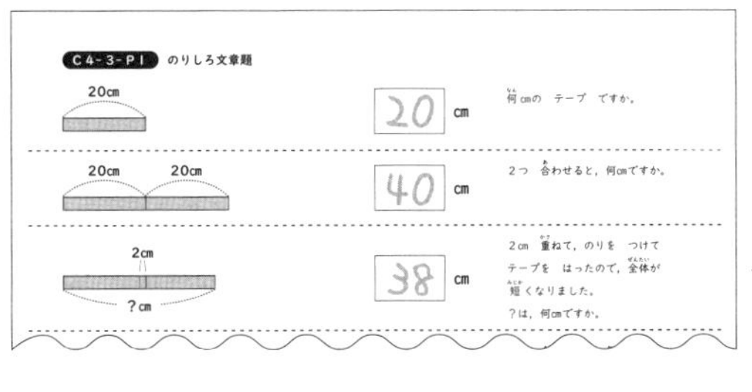

❸のりしろの分が２cm短くなったことを意識させます。

●ステップ4～5

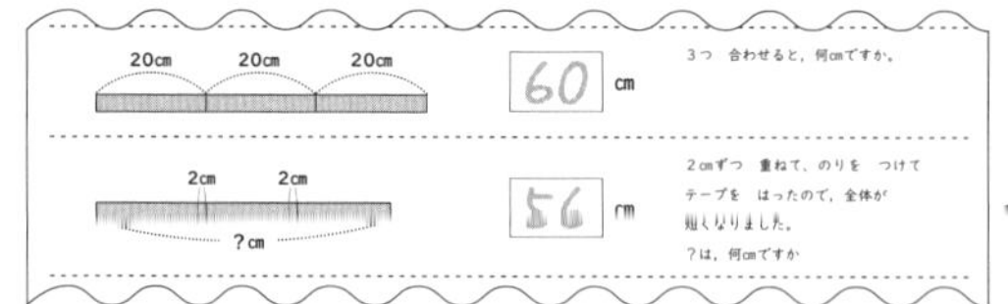

❹❺ステップ2～3と同じ手順で、テープが3本の条件でやってみます。

●ステップ6

テープの数	テープ全体の長さ	のりしろの数	短くなる長さ	のりではったときの、全体の長さ
2	40cm	1こ	2cm	38cm
3	60cm	2こ	4cm	56cm
4	80cm	3こ	6cm	74cm

❻ここまでの状況を表に整理します。数量処理に弱さのある子どもが、数に置き換えるための支えとします。

●ステップ7～8

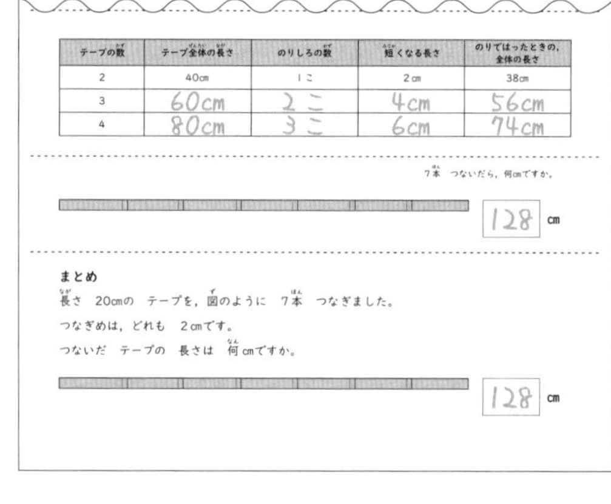

テープの数	テープ全体の長さ	のりしろの数	短くなる長さ	のりではったときの、全体の長さ
2	40cm	1こ	2cm	38cm
3	60cm	2こ	4cm	56cm
4	80cm	3こ	6cm	74cm

7本 つないだら、何cmですか。

128 cm

まとめ

長さ 20cmの テープを、図のように 7本 つなぎました。

つなぎめは、どれも 2cmです。

つないだ テープの 長さは 何cmですか。

128 cm

❼ステップ6の法則から、7本つないだら何cmになるかを予測します。

❽「まとめ」では、ここまでのイメージを支えにして、もう1度、問題を理解しながら解いていきます。
類題に取り組むことで、ワーキングメモリに弱さのある子どもが問題解決の手順を覚えやすくします。

［プリントC4-3-P2］

「5＋2」の答えはわかっても、□＋○と記号を使って数字の関係を式で表すことが、理解できない場合があります。数から記号へと自然な流れで置き換えていきます。

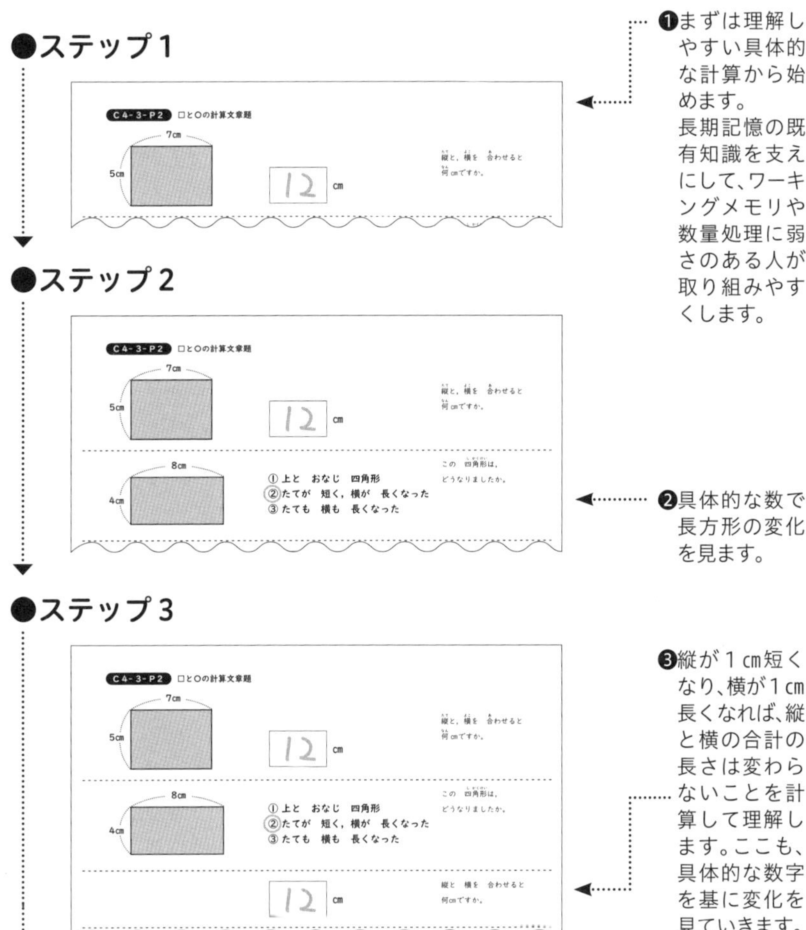

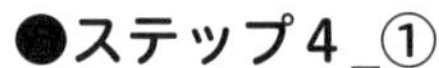

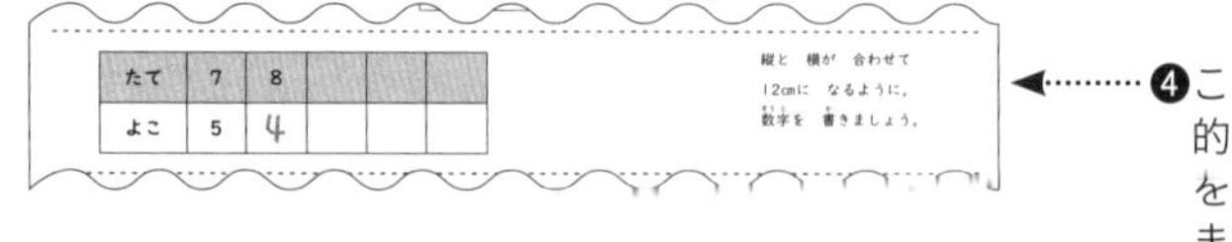

❹ここまでの具体的な数字の変化を、表にまとめます。

●ステップ4_②

縦の長さが７、８と続くので、次の欄に「９」と書きます。

●ステップ4_③

横の長さは５、４と続くので、次の欄に「３」と書きます。

●ステップ4_④〜⑦

残りの欄にも同様に数字を書きこんでいきます。

●ステップ5

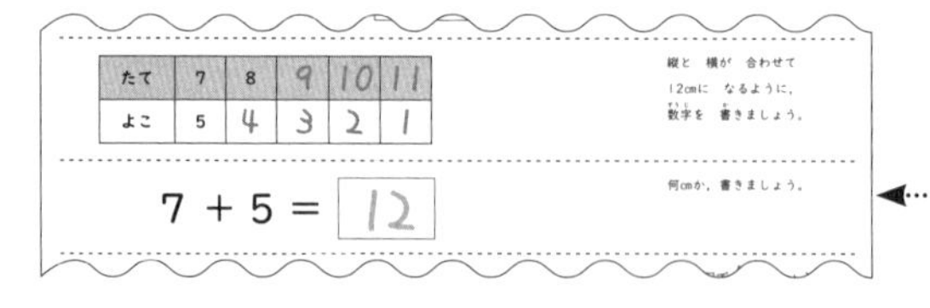

❺ステップ３と同様に、縦と横の合計の長さを求めることで、表と図のイメージをつなげます。このようにして、変化することを理解しやすくします。また、記号や数字に置き替えて示すことで、ワーキングメモリに弱さのある人が情報を要約する支えとします。

●ステップ6

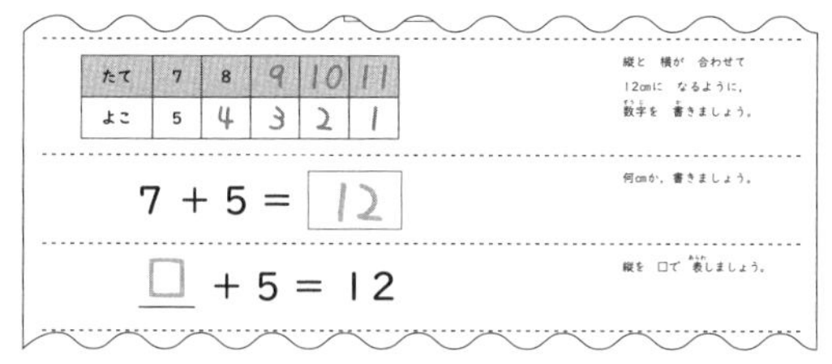

たて	7	8	9	10	11
よこ	5	4	3	2	1

縦と　横が　合わせて　12cmに　なるように，数字を　書きましょう。

7 + 5 = 12

何cmか，書きましょう。

□ + 5 = 12

縦を　□で　表しましょう。

ここからは、表をシンボリックに（記号を使って）理解していきます。

❻「7」をそのまま「□」に置き換えます。

●ステップ7

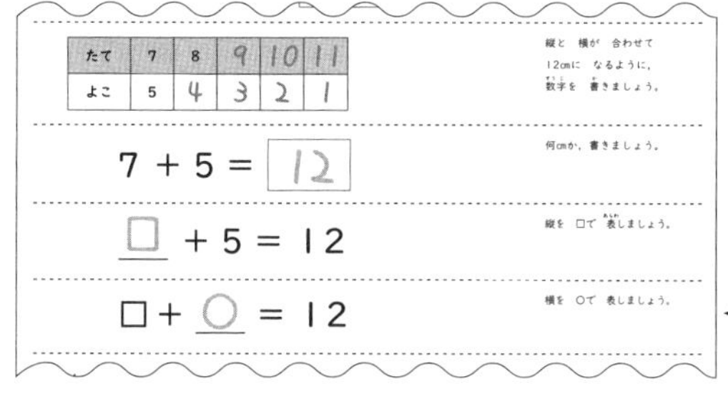

たて	7	8	9	10	11
よこ	5	4	3	2	1

縦と　横が　合わせて　12cmに　なるように，数字を　書きましょう。

7 + 5 = 12

何cmか，書きましょう。

□ + 5 = 12

縦を　□で　表しましょう。

□ + ○ = 12

横を　○で　表しましょう。

❼「5」を「○」に置き換えます。

●ステップ8

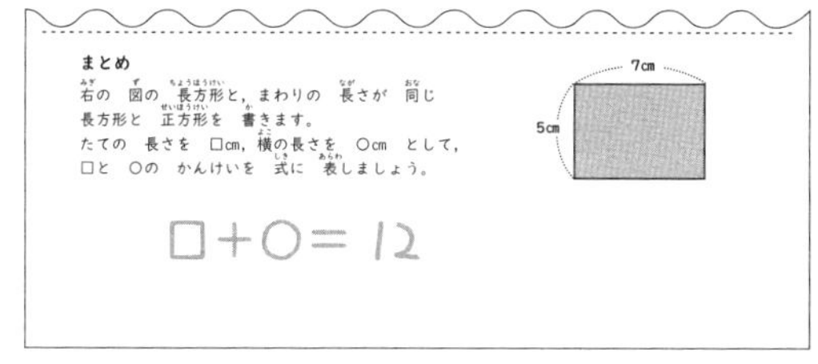

まとめ

右の　図の　長方形と，まわりの　長さが　同じ　長方形と　正方形を　書きます。
たての　長さを　□cm，横の長さを　○cm　として，□と　○の　かんけいを　式に　表しましょう。

□+○= 12

❽「まとめ」でここまでのプロセスを思い出しながら、記号を使って式で表します。具体的な場面から記号で表す抽象的な式までをつなげます。

数を□や○で表す問題は、ただ数を記号に置き換えるだけでなく、図や文章の表す状況を試行錯誤して理解する必要があります。変化を具体的に見て理解してから記号に置き換えます。

C4-4

学習内容

少しずつ情報を追加して規則性を理解

規則性のある問題

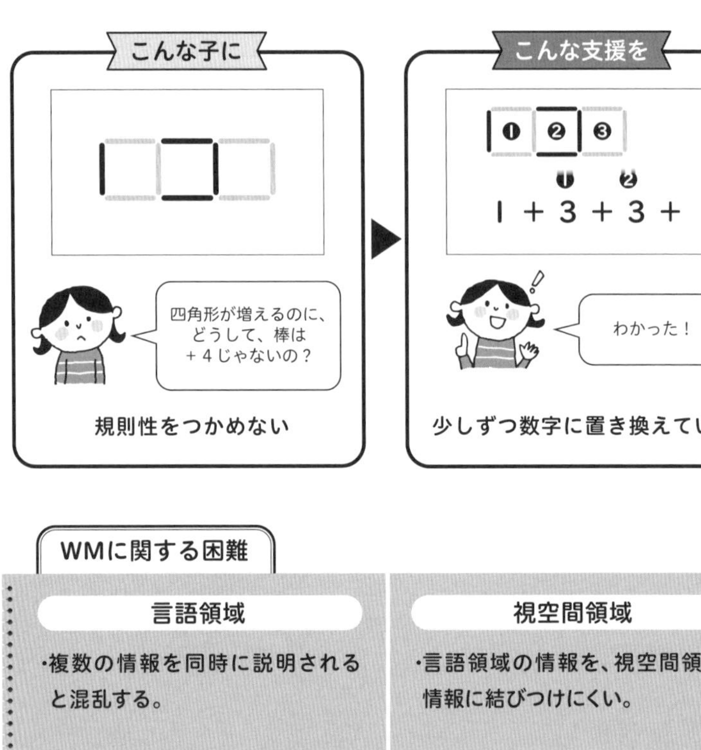

WMに関する困難

言語領域

・複数の情報を同時に説明されると混乱する。

視空間領域

・言語領域の情報を、視空間領域の情報に結びつけにくい。

数量処理

1つのパターンにどのくらいの数が含まれているかを判断しにくい。

弱さに配慮し強さを生かした支援

●短所補償

・言葉で説明を始めるのではなく、徐々に情報を増やしていきます。

●長所活用

・自分のペースで数字を使って図の変化（規則性）を理解していきます。

スモールステップ

- 少ない情報から、徐々に情報を加えていき、変化の様子を見て規則性を理解します。
- 最初は数字で変化を理解し、式に変換（表せるように）します。

［プリント C4-4-P1］
一定の規則で数が増える棒の合計数を答える課題です。

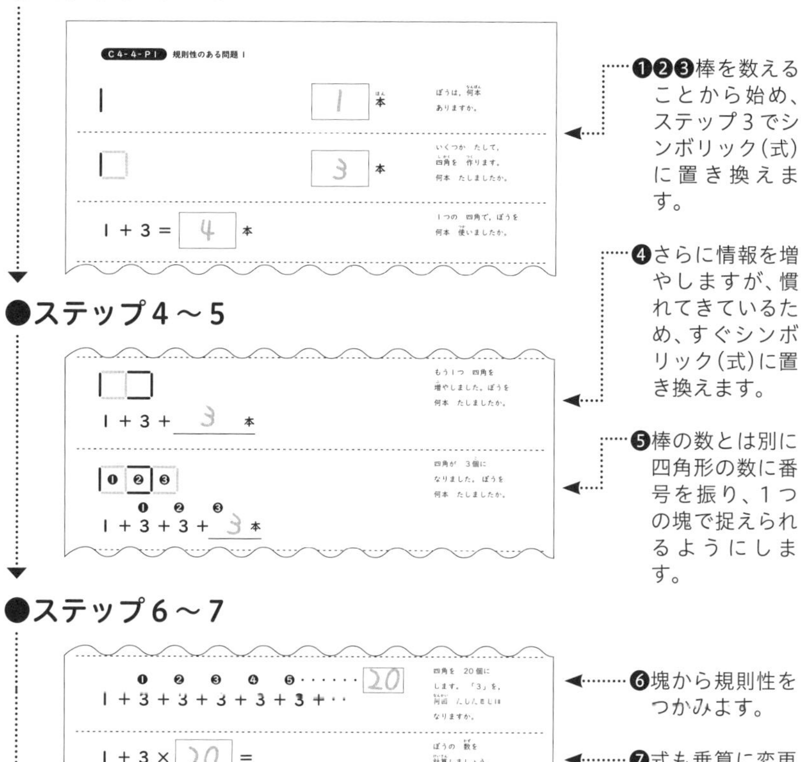

●ステップ8

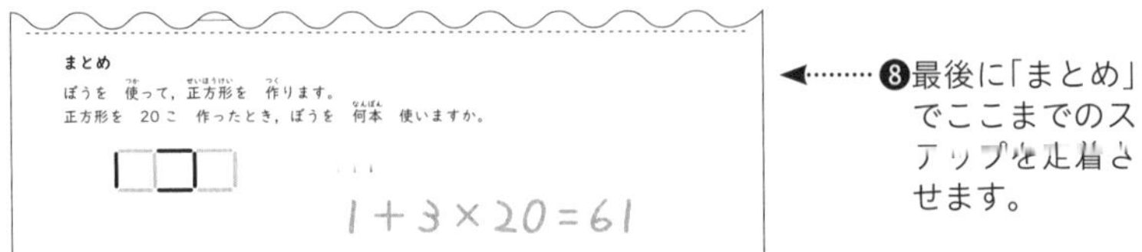
まとめ

ぼうを 使って，正方形を 作ります。

正方形を 20こ 作ったとき，ぼうを 何本 使いますか。

1＋3×20＝61

◀……❽最後に「まとめ」でここまでのステップを定着させます。

［プリント C4-4-P2］

一定の規則で増える碁石の数を予想して答える課題です。

●ステップ1～4

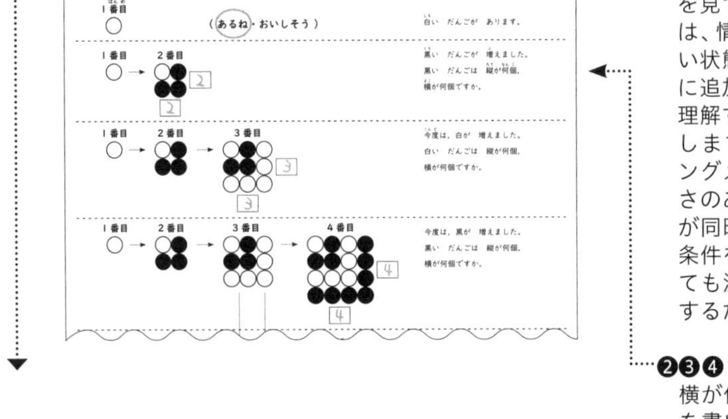
C4-4-P2 規則性のある問題 2

1番目　（あるね・おいしそう）　白い だんごが あります。

1番目 → 2番目　黒い だんごが 増えました。黒い だんごは 縦が何個，横が何個ですか。　2　2

1番目 → 2番目 → 3番目　今度は，白が 増えました。白い だんごは 縦が何個，横が何個ですか。　3　3

1番目 → 2番目 → 3番目 → 4番目　今度は，黒が 増えました。黒い だんごは 縦が何個，横が何個ですか。　4　4

◀……❶規則やパターンを見つける問題は、情報が少ない状態から徐々に追加しながら理解するようにします。ワーキングメモリに弱さのある子どもが同時に複数の条件を覚えなくても済むようにするためです。

❷❸❹では、縦と横が何個ずつかを書いていきます。

●ステップ5

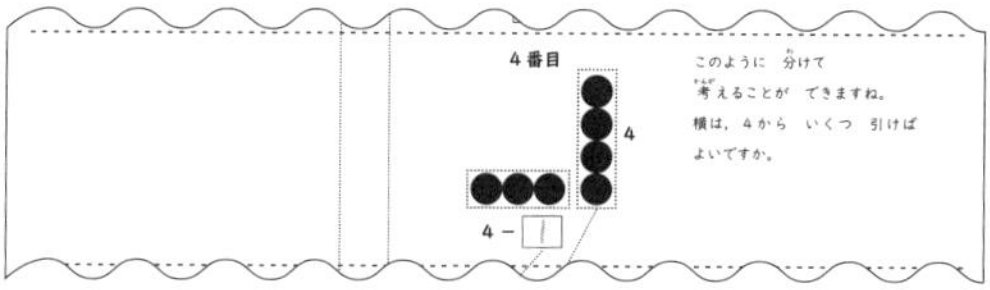

4番目

4

4－1

このように 分けて 考えることが できますね。
横は、4から いくつ 引けば よいですか。

❺縦の4つと横の3つに分け、「3」は4－1であることを理解します。

●ステップ6～8

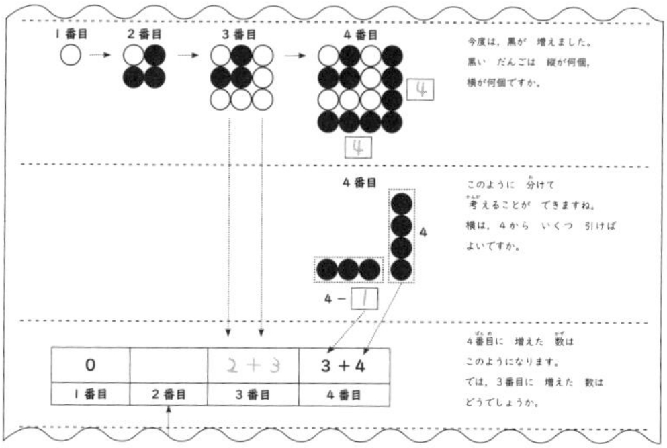

1番目 → 2番目 → 3番目 → 4番目

4

4

今度は、黒が 増えました。
黒い だんごは 縦が何個、横が何個ですか。

4番目

4

4－1

このように 分けて 考えることが できますね。
横は、4から いくつ 引けば よいですか。

0		2＋3	3＋4
1番目	2番目	3番目	4番目

4番目に 増えた 数は このようになります。
では、3番目に 増えた 数は どうでしょうか。

❻❼❽ここまでノンシンボリックな表現で理解してきた状況を、シンボリックな表にまとめていきます。このようにして量を数に置き換え、数量処理に弱さのある子どもの支えとします。

●ステップ9～10

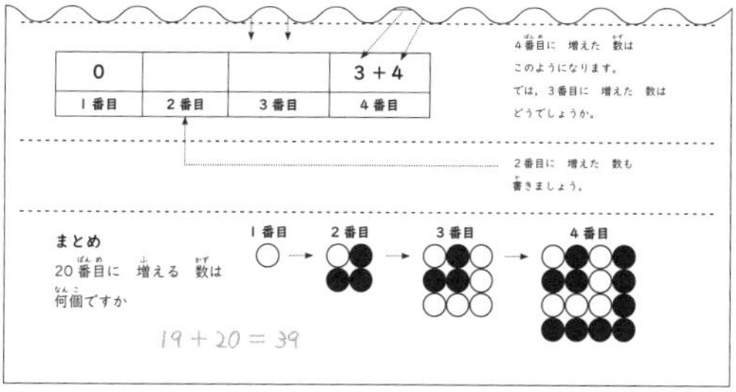

0			3＋4
1番目	2番目	3番目	4番目

4番目に 増えた 数は このようになります。
では、3番目に 増えた 数は どうでしょうか。

2番目に 増えた 数も 書きましょう。

まとめ
20番目に 増える 数は 何個ですか

1番目 → 2番目 → 3番目 → 4番目

19＋20＝39

❾❿法則を見出し、最期の「まとめ」で、ここまでの規則性を生かして20番目に増える数を書きます。

こうした問題では、視覚的なパターンと数量をワーキングメモリにおいて結びつける必要があり、数量処理やワーキングメモリの働きが同時に求められると考えられます。小さい情報から始めて、パターンの分析を知識として学びましょう。

学習内容

C5-1 内包量に関わる情報整理

内包量とは

こんな子に

1あたりの意味がわからない

こんな支援を

身近な状況で簡単な情報を整理する練習をする

WMに関する困難

言語領域

・数量の情報を言語領域の情報に結びつけて考えにくい。

・複数の数の情報を覚えておくことが難しい。

視空間領域

・数量や言語領域の情報を、視空間領域の情報に結びつけることが難しい。

数量処理

・1あたりの量を認識しにくい。

・数と数の位置関係がわかりにくい。

弱さに配慮し強さを生かした支援

●短所補償

・簡単な情報の整理から始めて、少しずつ取り組みます。

●長所活用

・日常生活で親しんでいる情報に基づいて学習します。

内包量とは

同じ広さの部屋に10人いる場合と20人いる場合では、後者の方が混んでいると、すぐわかります。一方、定員15人の部屋に10人いる場合と定員40人の部屋に20人いる場合では、前者の方が混んでいます。これは、「10÷15」と「20÷40」を計算すればわかります。

このような数を内包量と言い、単位あたりの量(例：１mあたりの重さ)、時速、割合、百分率などがこれにあたります。

内包量の難しさ

数量処理やワーキングメモリに弱さのある子どもでは、内包量の理解、立式、計算の実行にしばしば困難を示します。

最初の段階は理解しやすいものです。
「２mで400円の布を買いました。この布は１mでいくらでしょう」であれば、「200+200=400」から、逆に１mが200円と判断できます。

しかし、次第に難しくなります。
「3.5mの布が840円でした。この布は１mでいくらでしょう」では、たし算では解決できません。これは、「840÷3.5」とすれば、１mあたりの値段を計算できます。

さらに難しくなるのは次のような問題です。
「3.5mの重さが1.4kgの針金があります。１mでは何kgでしょう」であれば、小さな数を大きな数で割らなければなりません。子どもはどちらをどちらで割るのかわからなくなり混乱します。

また、この問題を理解するために図解として使われるのが２本の数直線です(132ページ)。算数障害のある子どもなどでは、１本の数直線でも正しく理解できない子どもがいます。それが２本になるともっと困ってしまうのです。

2本の数直線

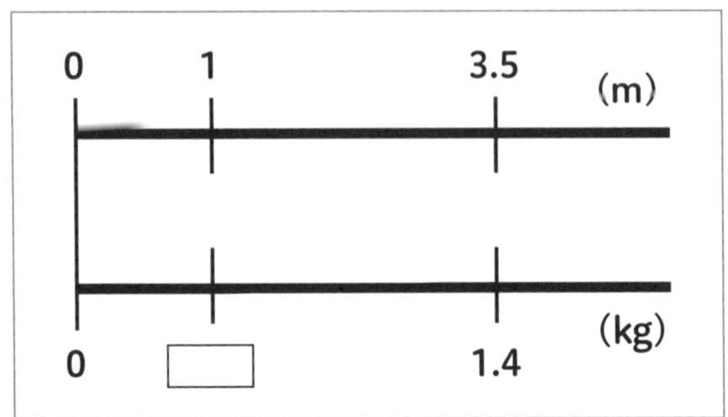

内包量に慣れるために

学校で習っていなくても、日常の中で「時速」や「%」という言葉は知っていることはよくあります。また、4人分で書かれたレシピを1人分にする経験をしている子どももいます。こうした用語の知識や、1あたりの数を考えた経験は、学習を支えます。

<例>

内容量の情報を整理する経験を積む

［プリント C5-1-P1］

算数のさまざまな学習場面で「1あたり」の考え方は登場します。「1あたり」と明示されている問題であれば、整理することは簡単なので、文章から4つの情報を取り出す練習をしましょう。

C5-1-P1　内包量情報整理

数を 整理する 練習をしましょう。
「いくつ」や 「何」は，「？」で 表します。

おまんじゅうは，1人 あたり 5こ あります。
4人いると いくつ ありますか。

1人　4人
5こ　?こ

おまんじゅうは，1人 あたり 5こ あります。
何人で 20こに なりますか。

1人　?人
5こ　20こ

どんぐりを，1人 あたり 4こ 集めました。
3人いると いくつに なりましたか。

1人　3人
4こ　?こ

どんぐりを，1人 あたり 3こ 集めました。
何人で 18こに なりますか。

1人　?人
3こ　18こ

3つの空欄に、1あたりでどのように整理できるか考えて記入していきます。

ここでは、文章から4つの情報を取り出すことと、未知数があることを認識することが課題なので、未知数の部分には「？」と名前をつけています。

内包量に関わる知識は日常生活の中に多くあります。子どもがそれらの知識に触れ、経験できるように意識しましょう。

C5-2

学習内容

加算・乗算を基礎にして倍を理解する

内包量と倍

こんな子に

たろうの　お金は　５円です。

けんたの　お金は　３０円です。

けんたの　お金は　たろうの　何倍　でしょうか。

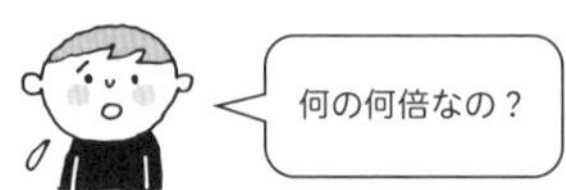

文章にある数の関係性がわからない

こんな支援を

手順に沿って文を理解して計算する

WMに関する困難

言語領域

・複雑なステップになると、問題の解決方法を覚えられない。

・文の中で複数の要素を結びつけることができない。

視空間領域

・文章の表す状況をイメージしにくい。

数量処理

何倍かにした際、それがどのくらいの量になるのか、わかりにくい。

弱さに配慮し強さを生かした支援

●短所補償

・文章や図の内容の理解を助けます。

●長所活用

・手続きに沿って取り組むと、問題の意味を理解しやすくなります。

スモールステップ

・倍の問題は似たような形式が3種類あります。かけ算で解決できる簡単な問題に取り組み、意味を理解できるようにします。

[プリントC5-2-P1]
加算や乗算で計算できる問題でやり方を確認します。

●ステップ1

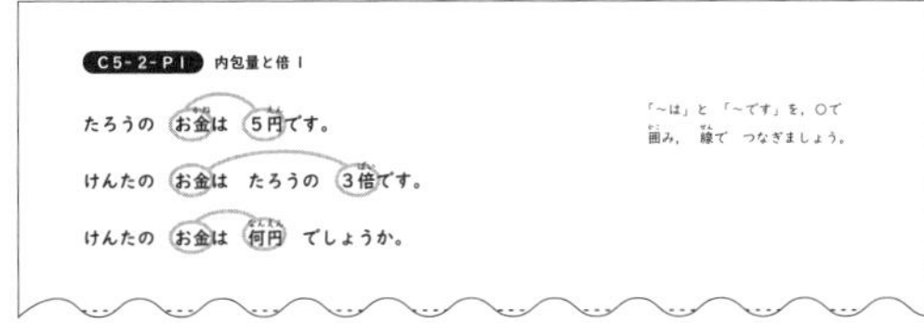

❶「〜は」と「〜です」という主部・述部の関係を見つけます。文章中の情報を取り出すために、どの情報とどの情報がつながっているかを可視化します。

●ステップ2

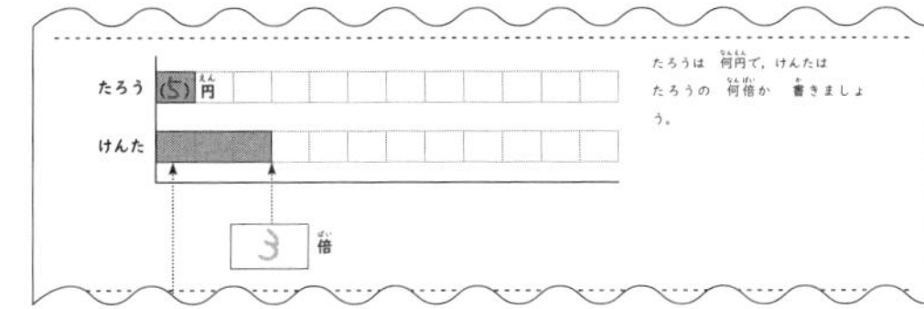

❷上の文の情報を見ながら、たろうのお金が5円、けんたのお金はその3倍であることを書きます。

●ステップ3

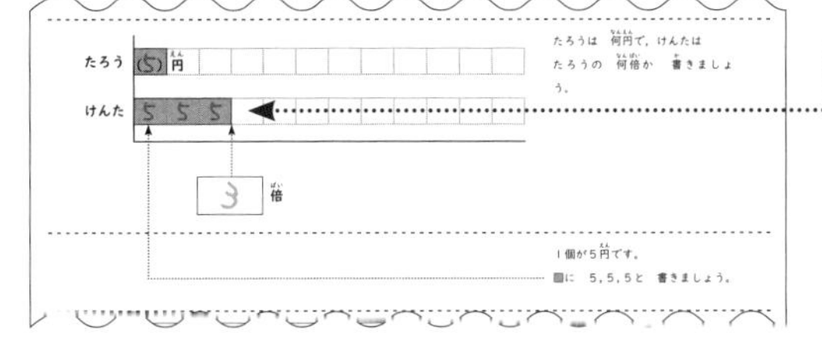

❸「5」が3つであることを書きます。数量処理に弱さのある子どもが、量ではなく数で把握できるようにします。

●ステップ4～6

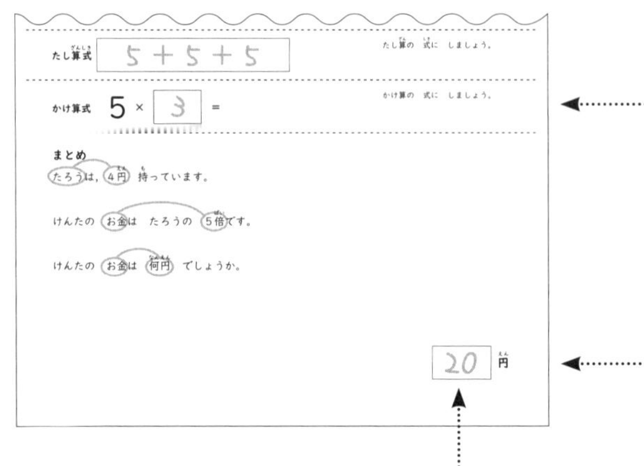

❹❺たし算の式を立ててから、かけ算の式に変換します。子どもによっては、ステップ4のたし算が必要なければ省略します。

❻「まとめ」では、ここまでの問題解決のプロセスを自分で実行して定着を図ります。

【内包量と倍フォーマットの活用】

子どもによって必要な場合は、「内包量と倍フォーマット」を活用し、書き込みます。

※「C 5－ 2-P 4 内包量と倍フォーマット」の詳しい使い方は141ページを参照。

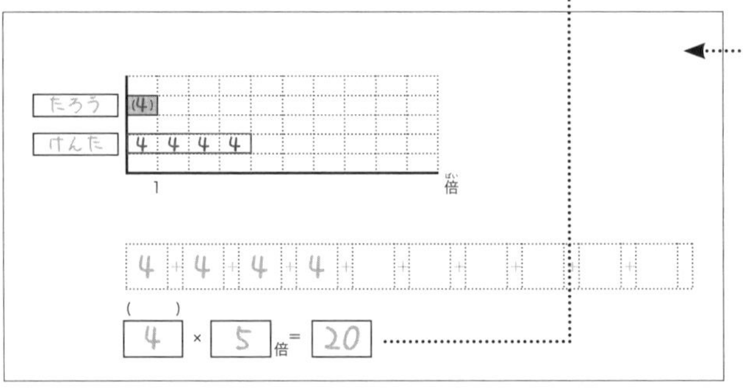

同じ形式で問題に取り組むことで、子どもが自分で問題解決できるよう支えます。

［プリント C5-2-P2］

P2は、わり算を用いる問題になりますが、かけ算をベースにして、それを変形して答えを導き出します。

●ステップ1

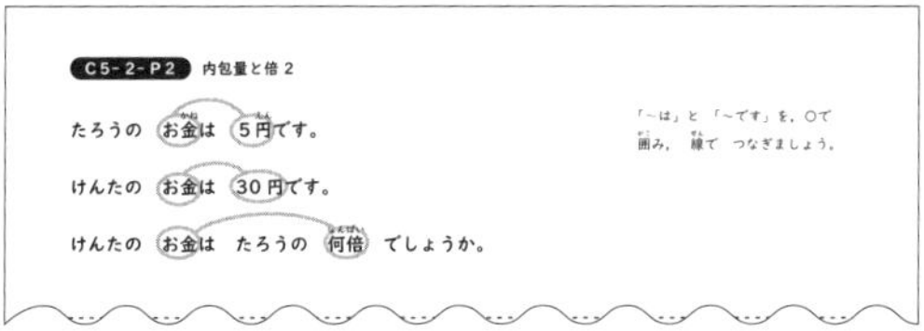

C5-2-P2　内包量と倍 2

たろうの お金は 5円です。

けんたの お金は 30円です。

けんたの お金は たろうの 何倍 でしょうか。

「～は」と 「～です」を、○で 囲み、 線で つなぎましょう。

❶文章中の情報を取り出すために、どの情報とどの情報がつながっているかを視覚化します。

●ステップ2

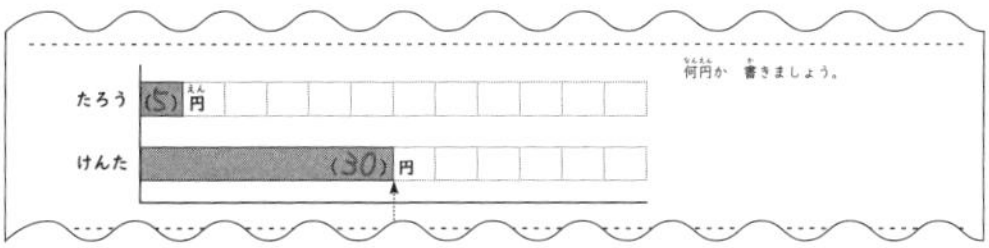

何円か 書きましょう。

たろう (5) 円

けんた (30) 円

❷上の文の情報を見ながら、たろうのお金が5円、けんたのお金が30円であることを書きます。

●ステップ3

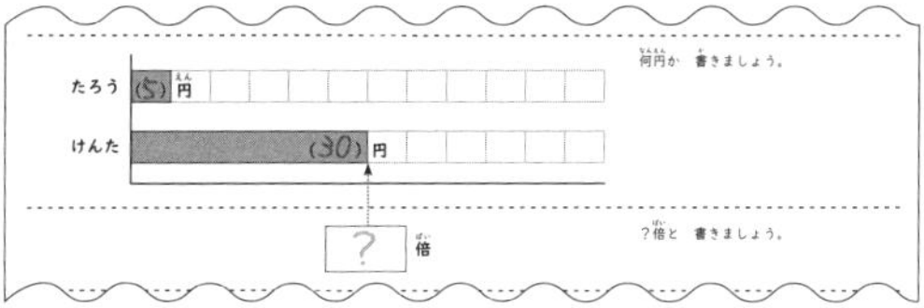

何円か 書きましょう。

たろう (5) 円

けんた (30) 円

? 倍

?倍と 書きましょう。

❸未知数にラベルをつけるため「？」と書きます。

●ステップ4

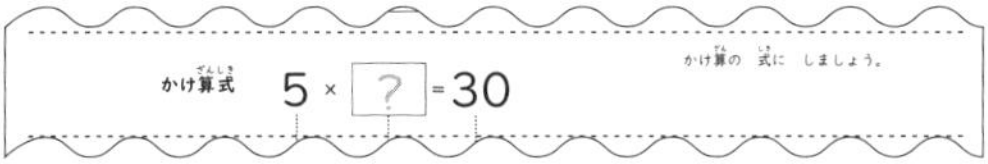

かけ算式　5 × ? = 30

かけ算の 式に しましょう。

❹P1のプロセスを生かして、かけ算の式を作ります。

●ステップ5

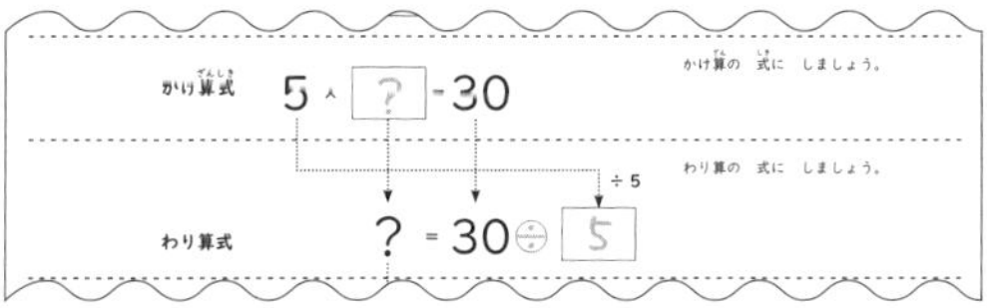

かけ算式　5 × ? = 30

かけ算の 式に しましょう。

わり算の 式に しましょう。

÷5

わり算式　? = 30 ÷ 5

❺ステップ4を変形していきます。九九の範囲であれば、わり算に変形しなくても解決できますが、その後はわり算でなければ解決できない問題にします。

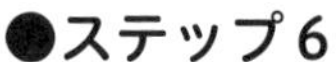

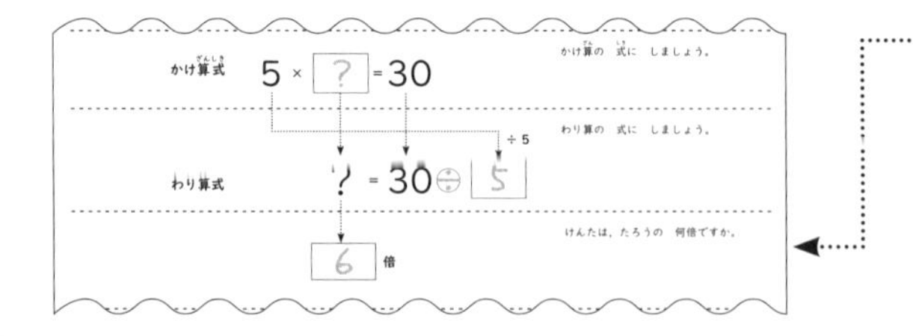

❻ステップ4～5を踏まえて、何倍かを書きます。

●ステップ7

❼「まとめ」では、ここまでの問題解決のプロセスを要約します。

【内包量と倍フォーマットの活用】

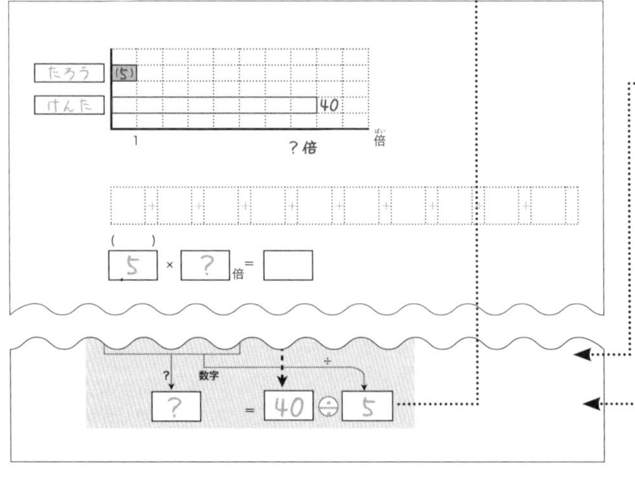

ここでも必要に応じて「内包量と倍フォーマット」を使って取り組みます。

あらかじめ、線で紙を折ってグレーの部分は見えないようにします。

かけ算をわり算に変換したほうがよい場合は、紙を開き、わり算に変換します。

何倍になるかわからないので、間違っていても指摘しなくて構いません。

［プリント C5-2-P3］

P3も、わり算にする問題ですが、1倍が何円かを求めるもので、最も難しいものです。

●ステップ1

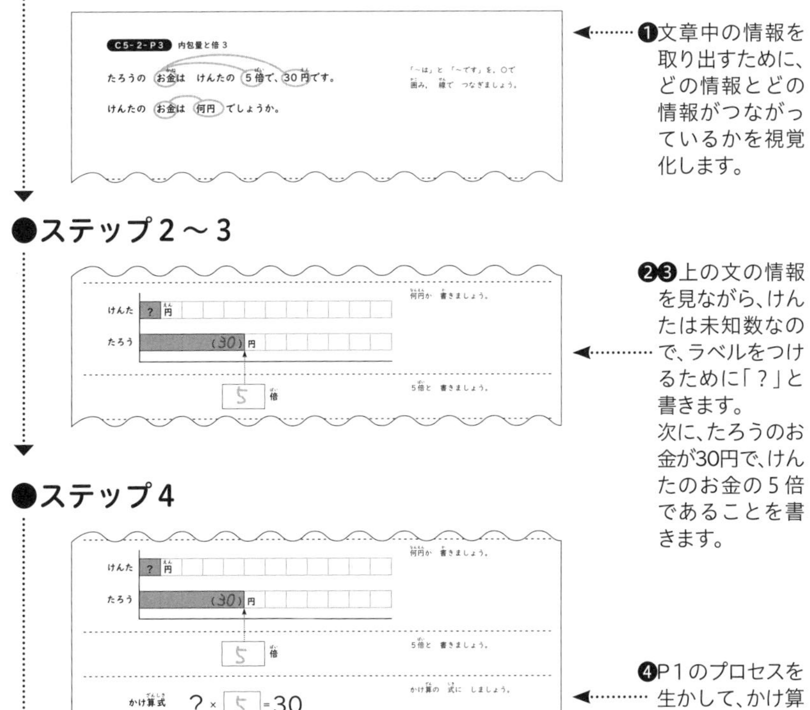

❶文章中の情報を取り出すために、どの情報とどの情報がつながっているかを視覚化します。

❷❸上の文の情報を見ながら、けんたは未知数なので、ラベルをつけるために「？」と書きます。
次に、たろうのお金が30円で、けんたのお金の5倍であることを書きます。

❹P1のプロセスを生かして、かけ算の式を作ります。

●ステップ5～6

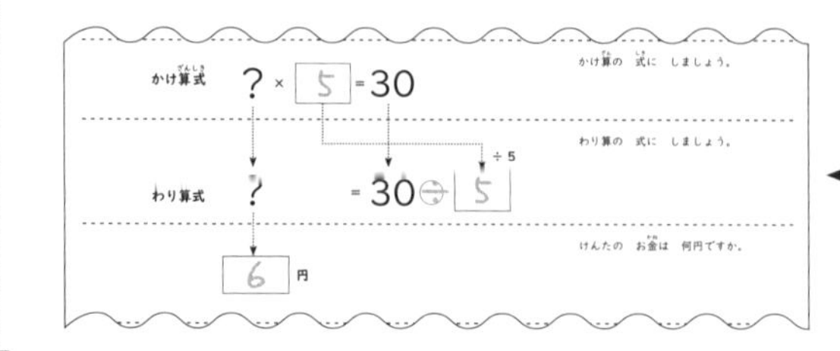

❺❻かけ算の式を変形していきます。
九九の範囲であれば、わり算に変形しなくても解決できますが、その後はわり算でなければ解決できない問題が発生します。

●ステップ7

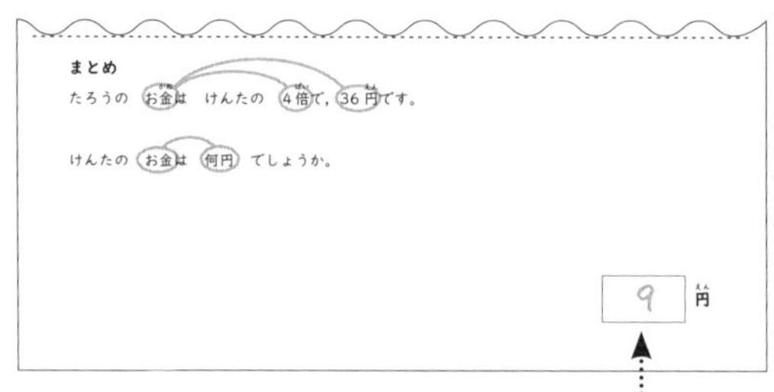

❼「まとめ」では、ここまでの問題解決のプロセスを要約します。

【内包量と倍フォーマットの活用】

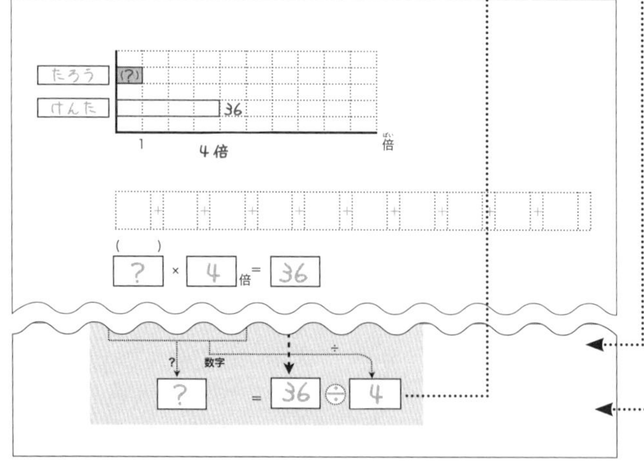

ここでも必要に応じて「内包量と倍フォーマット」を使います。
あらかじめ、線で紙を折ってグレーの部分は見えないようにします。

かけ算をわり算に変換したほうがよい場合は、紙を開き、わり算に変換します。「?×4」か「4×?」のどちらになるか、問題によって異なるため、数字を「＝」の反対側に動かす、と教えます。

［プリントC5-2-P4］（内包量と倍フォーマット）

P4は、倍の問題を解くときに、子どもと問題を図解するために役立ちます。1枚のプリントで2問を解くことができ、教科書や問題集の文章題を解くときにも同じ手続きで取り組むことができます。

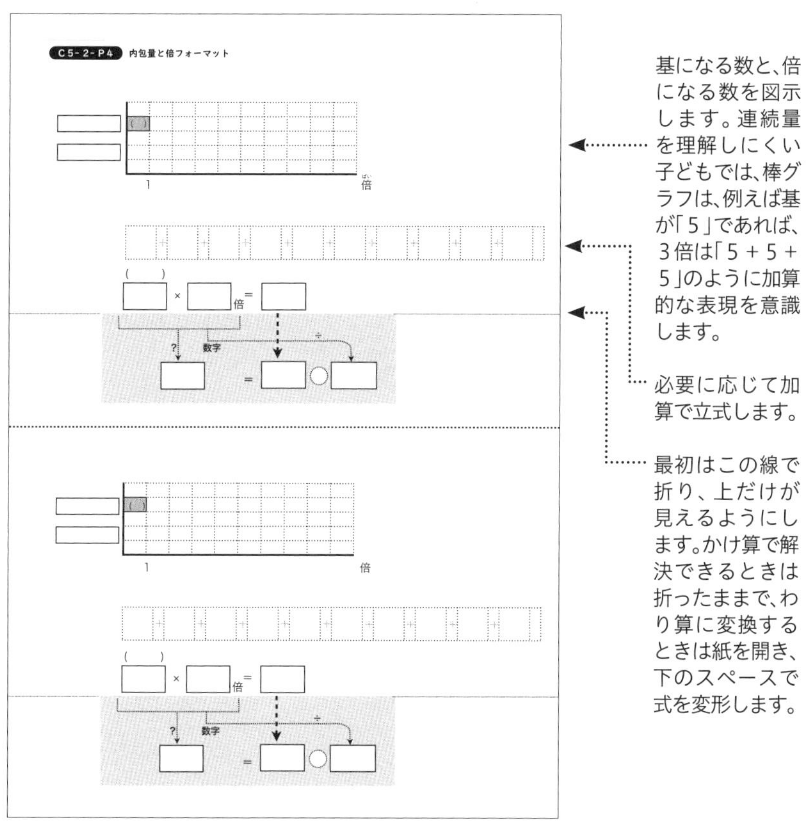

学習内容

比の学習

141ページまでの内包量は、数量処理やワーキングメモリに弱さのある子どもにとって、とても難しい問題です。2×2を表に整理して書き込んでたすきがけ（斜めの数字同士をかけ算して＝で結ぶ）で計算するやり方も知られていて、これによって自分でできるようになる子どももいますし、一方で表に書き込むことも難しい子どももいます。

比の学習は内包量よりも後に登場しますが、横一列に数字を書き込むため、自力で数字を整理しやすく、表には整理することはできなくても、比ならできる子どもがいます。学校では学習しませんが、「内項の積＝外項の積」の計算を使って内包量の問題を自力で解決できる場合がありますので丁寧に学習します。

［プリント C5-3-P1］
ここでは、比の導入に用いるプリントを紹介します。

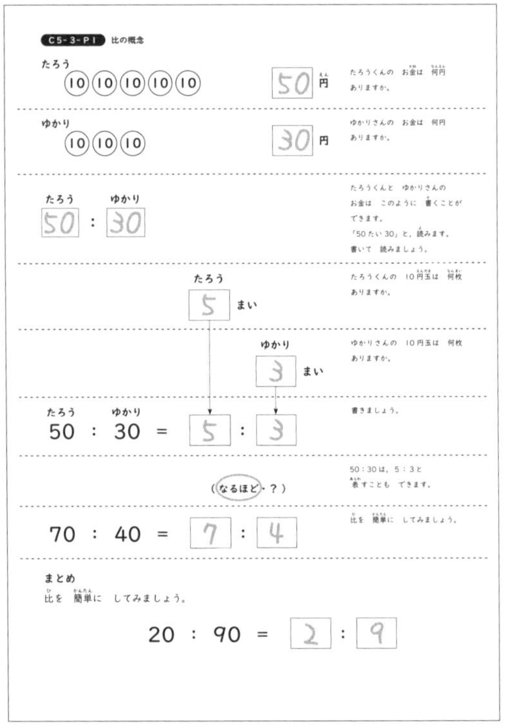
C5-3-P1 比の概念

たろう ⑩⑩⑩⑩⑩ 　50 円　たろうくんの お金は 何円 ありますか。

ゆかり ⑩⑩⑩ 　30 円　ゆかりさんの お金は 何円 ありますか。

たろう 50 ： ゆかり 30　たろうくんと ゆかりさんの お金は このように 書くことが できます。「50 たい 30」と，読みます。書いて 読みましょう。

たろう 5 まい　たろうくんの 10円玉は 何枚 ありますか。

ゆかり 3 まい　ゆかりさんの 10円玉は 何枚 ありますか。

たろう ゆかり
50 ： 30 ＝ 5 ： 3　書きましょう。

（なるほど・？）　50：30は，5：3と 表すことも できます。

70 ： 40 ＝ 7 ： 4　比を 簡単に してみましょう。

まとめ
比を 簡単に してみましょう。

20 ： 90 ＝ 2 ： 9

具体的なお金から理解し始めるようにして、数量処理やワーキングメモリに弱さのある子どもがイメージをもちやすくします。

数字を変えて練習し、さらに大小の位置も変えた問題にも取り組みます。

［プリント C5-3-P2～4］
比の文章題では、似たような文章で計算方法が異なる問題が出題されます。P2～4では、そのような問題ごとの例を示しています。

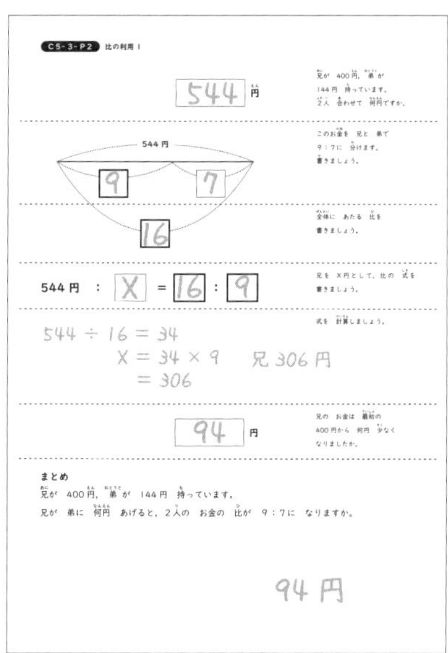

いろいろなやり方に子どもが混乱するときは、問題ごとにやり方が異なることを学習し、それぞれの問題の意味を理解して文章題に慣れる練習をします。

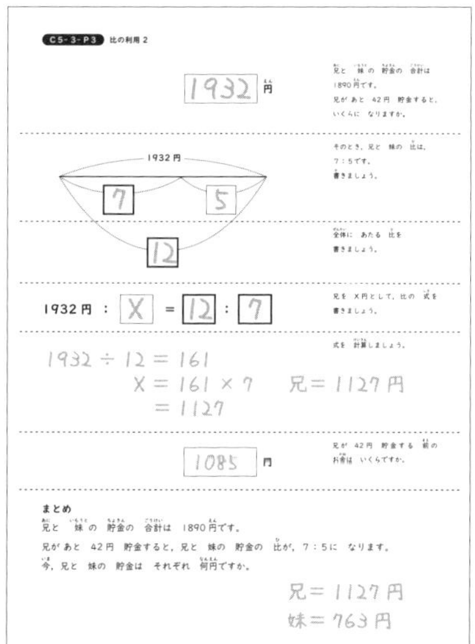

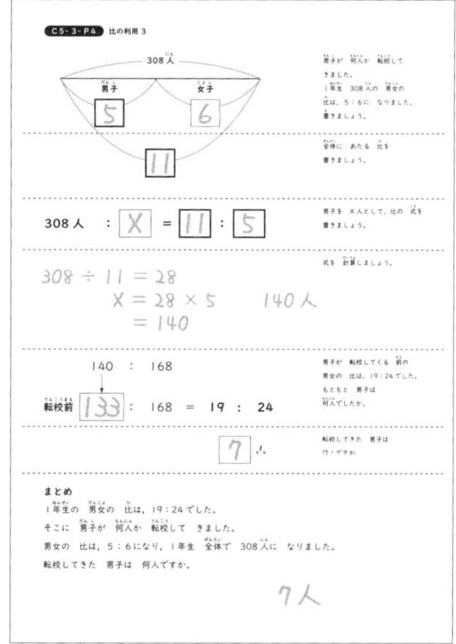

学習内容

ゲームを通して面積の感覚をつかむ

面積

WMに関する困難

言語領域

・「cm²」という単位や「へいほうセンチメートル」などの言葉を覚えにくい。

視空間領域

・図形の大小を認識しにくい。
・さまざまな形を認識しにくい。

数量処理

・さまざまな形の広さを認識しにくい。
・広さを数に置き換えにくい。

弱さに配慮し強さを生かした支援

●短所補償

・小さな数を用いて学習を始めます。

●長所活用

・子どもがゲームなどで知っているルールを基にして学習します。

スモールステップ

・まず、一次元のシンプルな図形に数を結びつけます。
・子どもが慣れてきたら、二次元の図形に数を結びつけます。さらに、さまざまな図形に数を結びつけていきます。

面積の数量処理を育む

※裏面に答えの数字を書いておきます。

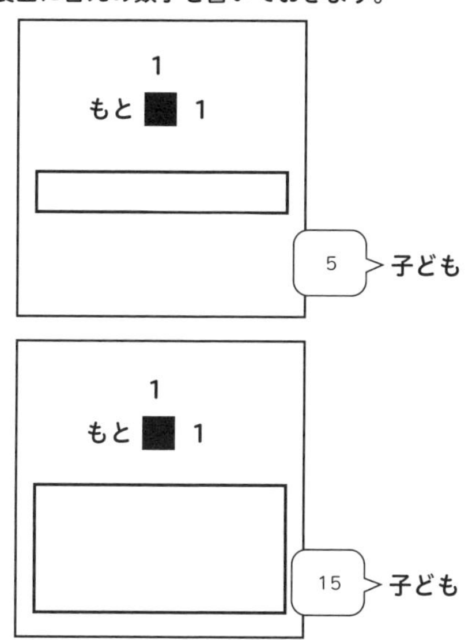

数量処理に弱さのある子どもでは、図形の中に大体いくつくらいの図形が入るか目処を立てることが難しい場合があります。

カードゲームのようにして図形の大きさを判断する練習をしてみましょう。最初は横１列で、慣れたら縦方向にも増やしていきます。

大小というよりは、ノンシンボリックな量をシンボリックな数や数字で表すことが大切です。

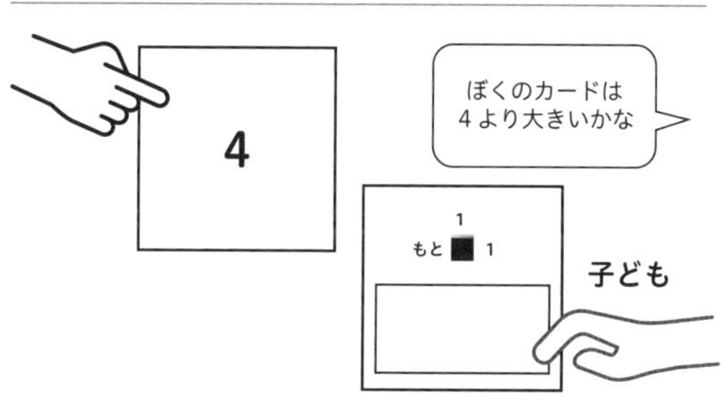

２人の対戦型ゲームでは、自分のカードの裏面は見ず、相手の裏面だけは見える状況で、同時にカードを出し、数の大きいほうが勝ちという遊びもできます。

ゲームで形と面積の感覚を育む

[プリントC6-1-P1]

いろいろな形と面積の感覚をゲームの中で育みます。2人で行う対戦型ゲームです。

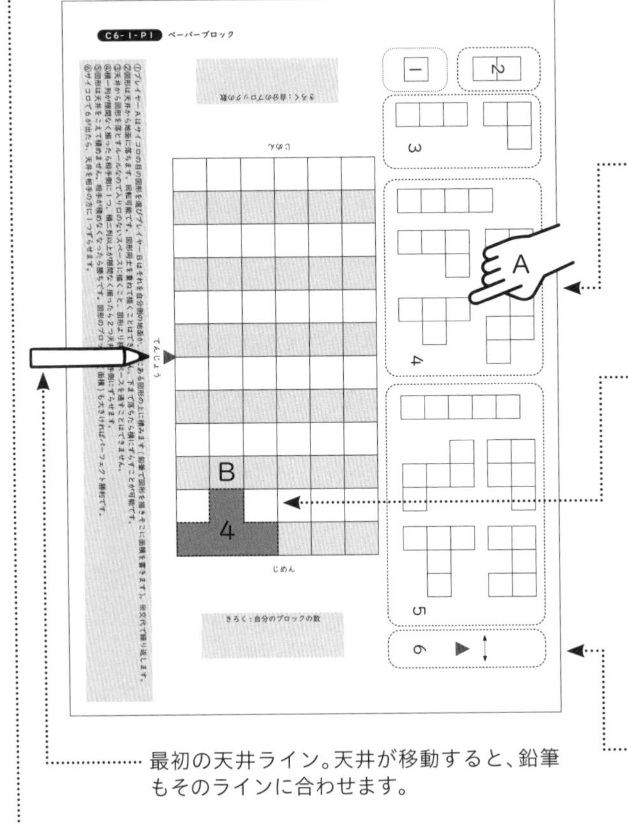

最初の天井ライン。天井が移動すると、鉛筆もそのラインに合わせます。

天井のラインに鉛筆などを置き、子どもに天井の位置を示します。

❶プレイヤーAは、サイコロを振って出た数の図形を選びます。図形は天井から地面に落ちてくるイメージです。

❷プレイヤーBは、図形を回転させて地面に描き、数も書き込みます。

❸ステップ1・2を交替で繰り返し、図形を地面に積んでいきます。図形が重なってはいけません。

❹サイコロで「6」が出ると、相手のほうに天井を1マス移動させることができます。

※天井が移動するルールは、ボードゲーム「対戦型テトリス(TOMY)」を参考にしています。

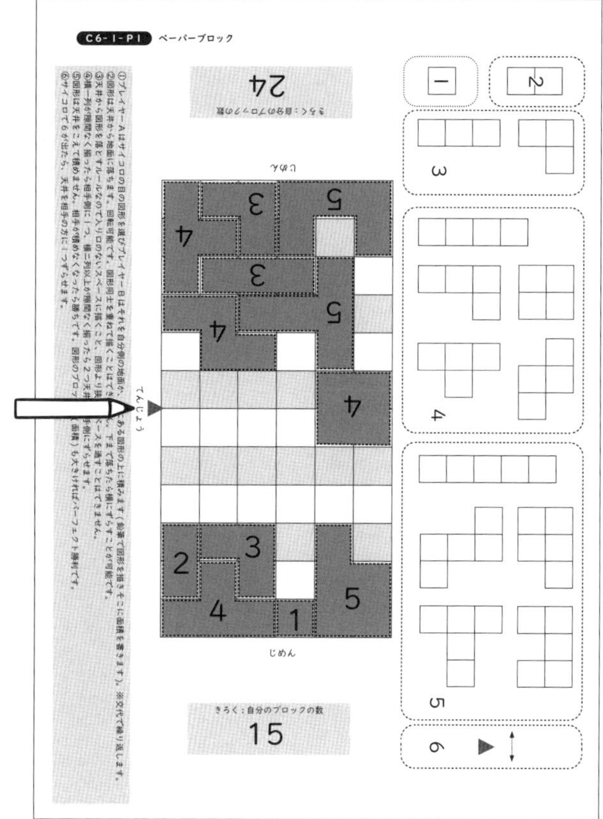

❺図形が天井を越えたプレイヤーが負けです。

❻図形のブロック数を合計して記録欄に書きましょう。負けた人のほうがポイントが大きい場合もあります。勝負に勝ち、ポイントも上回ればパーフェクト勝利です。

いろいろな形で、同じブロック数が同じ面積であることを理解していきましょう。図形に数字を書き、図形の広さというノンシンボリックな量を、数字という記号に結びつけていきましょう。

学習内容

安心して式を使えるよう面積の意味を理解する

面積の意味

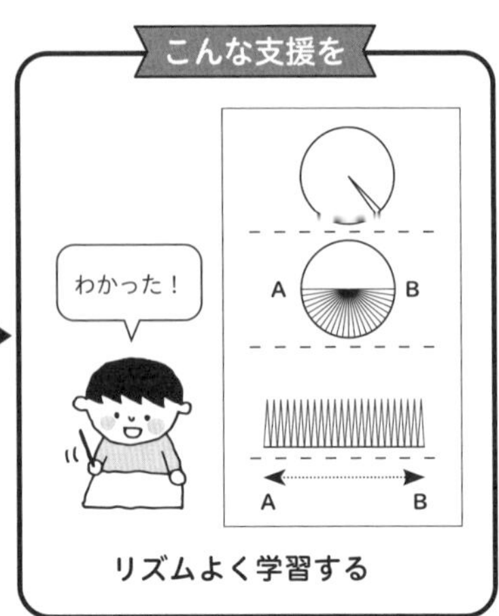

WMに関する困難

言語領域

・説明が長くなると、前の情報を覚えられず、わからなくなる。

視空間領域

・図形を分解し、操作することが難しい。

数量処理

図形が表す広さ・量を数として認識しにくい。

弱さに配慮し強さを生かした支援

●短所補償

・1つ1つの説明をリズムよく進めるようにします。
・量ではなく、個数に変換して学習します。

●長所活用

・知っている知識に基づいて学習するようにします。

スモールステップ

- 少ない情報から、徐々に情報を加えていき、意味を理解します。
- 知っている情報を基にして、知らない情報を加える形で新しい概念の学習をします。

［プリント C6-2-P1］

面積を「広さ」「量」「最小単位の個数」として認識できない子どもでは、機械的に「かけ算」と理解しがちです。ダミーの数字が書かれてある問題では間違えてしまうため、まず面積の意味をしっかり理解するようにします。

●ステップ1～3

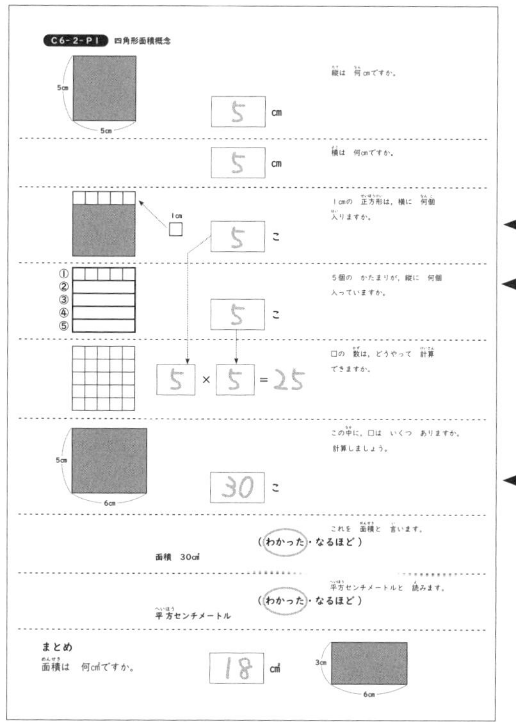

C6-2-P1　四角形面積概念

5cm　5cm

縦は　何cmですか。　5 cm

横は　何cmですか。　5 cm

1cm

1cmの　正方形は，横に　何個入りますか。　5 こ

①②③④⑤

5個の　かたまりが，縦に　何個入っていますか。　5 こ

□の　数は，どうやって　計算できますか。　5 × 5 = 25

5cm　6cm

この中に，□は　いくつ　ありますか。計算しましょう。　30 こ

これを　面積と　言います。（わかった・なるほど）

面積　30cm²

平方センチメートルと　読みます。（わかった・なるほど）

平方センチメートル

まとめ

面積は　何cm²ですか。　18 cm²

3cm　6cm

数を認識します。困難が重い子どもでは、最初にゴールの正方形を示さず、ステップ3の小さな正方形から始めます。横には1m²の正方形を入れています。

その塊が5個あることを認識します。カステラ5個入りの箱が5つなど、具体的に置き換えてもよいでしょう。

意味の理解を行った後、手続きの理解を行います。量で捉えにくい子どもに配慮して個数で捉えるようにします。

［プリントC6-2-P2］

算数に困難がある子どもでは、三角形の面積を機械的に求めていることがあります。その場で式の理由をわかっても後で忘れていることがあるため、定期的に理由を思い出す学習をしてもよいでしょう。

●ステップ1～6

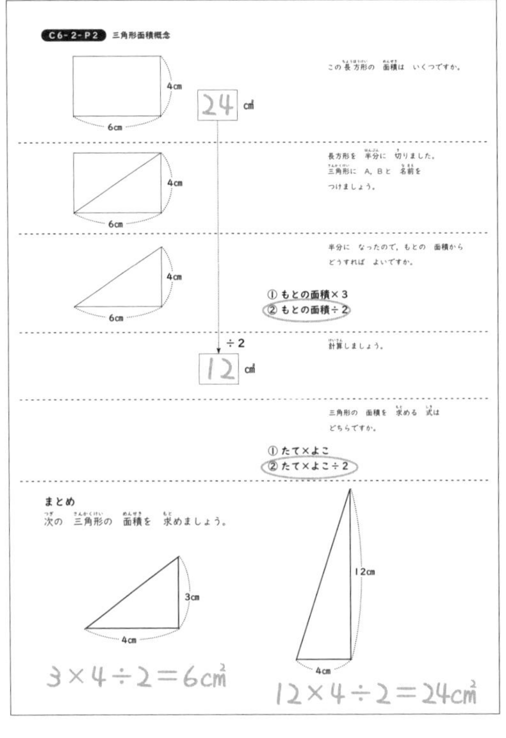

学習済みの知識を基にして、四角形の面積を求めます。

四角形の中に作った三角形に名前をつけ、視空間領域の弱さを補ったり、言語領域の強さを生かします。
式を選び、計算します。

ここまでのステップを基に、三角形の面積を求める式を確認します。
可能であれば支援者がサポートして、三角形の面積の公式（底辺×高さ÷2）につなげます。

最後に「まとめ」に取り組みます。

［プリント C6-2-P3］

P3は、円周を求められることが前提です。学習に時間をかけてしまうと、ワーキングメモリに情報が溢れ、全体を理解することができません。リズムよく学習して、情報と情報がつながるようにしましょう。

●ステップ1～12

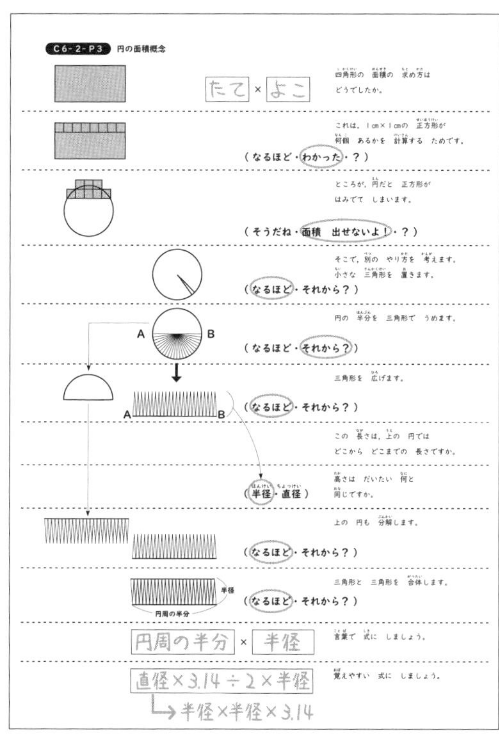

P3は四角形を用いて円の面積を求めるやり方を理解します。普段、円の面積を計算するときには、この方法を意識する必要はありません。
円の面積を式を活用するとき、突然与えられた式では使えない子どもがいるため、式の意味を知ることで安心し、ワーキングメモリに余裕を生み出す意図があります。
ステップ12は、子どもが理解できる範囲まで式を簡略化するとよいでしょう。可能であれば、面積の公式（半径×半径×3.14）に近づけます。

面積は、量と数字を結びつけるためにワーキングメモリの言語領域、視空間領域、数量処理が必要です。理由がわからずに式だけを使うと、疑問が湧いて取り組むことが難しくなる子どもでは、このように理由と意味を知るような学習を行います。

C6-3

学習内容

図形を分解・操作する

複雑な形の面積

こんな子に

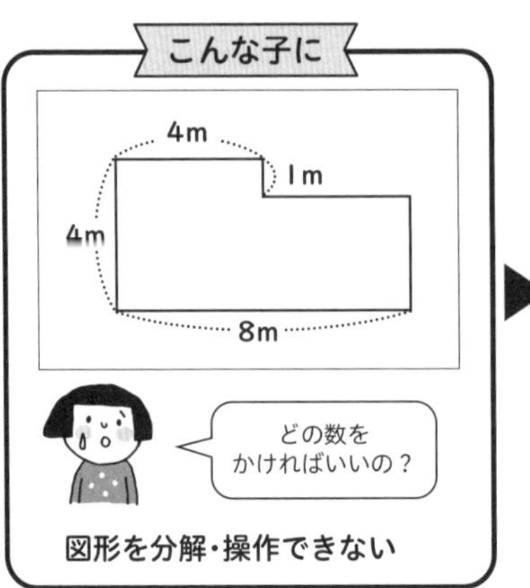

図形を分解・操作できない

こんな支援を

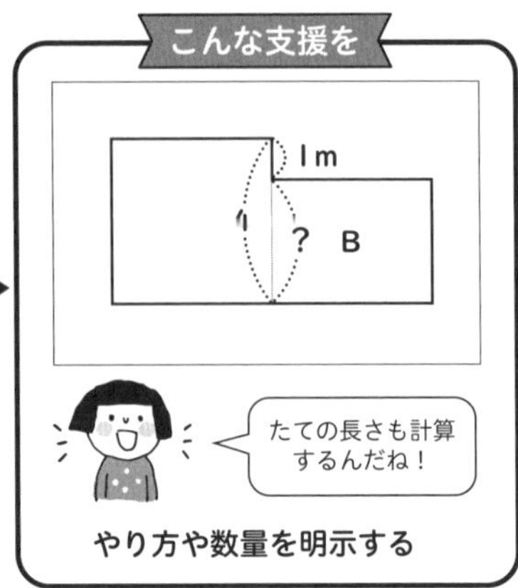

やり方や数量を明示する

WMに関する困難

言語領域

・言葉による説明が長いと、その情報を視空間領域の情報に結びつけられない。

視空間領域

・図形を分解し、操作することが難しい。

・線を引くと図形がどのようになるのか、イメージをもちにくい。

数量処理

図形の中に現れる線分に数を当てはめられない。

弱さに配慮し強さを生かした支援

●短所補償

・やり方を明示し、まずは最後まで解けるようにします。
・解答プロセスで未習得の項目がある場合は、その項目を別途に学習します。

●長所活用

・言語領域の強さを生かし、図形に、「A」や「B」などの名前をつけて認識しやすくします。

スモールステップ

・図形を分解する、図形に言語的なラベルをつける、正方形の左右の辺の長さは同じである、図形の中に線分図があることなど、一つひとつスモールステップで学習します。

［プリント C6-3-P1］

複雑な形の面積はダミーとなる数字が書かれていることがあり、子どもが混乱することがあります。図形を分解したら、名前をつけて認識しやすくします。

●ステップ1～2

●ステップ3～4

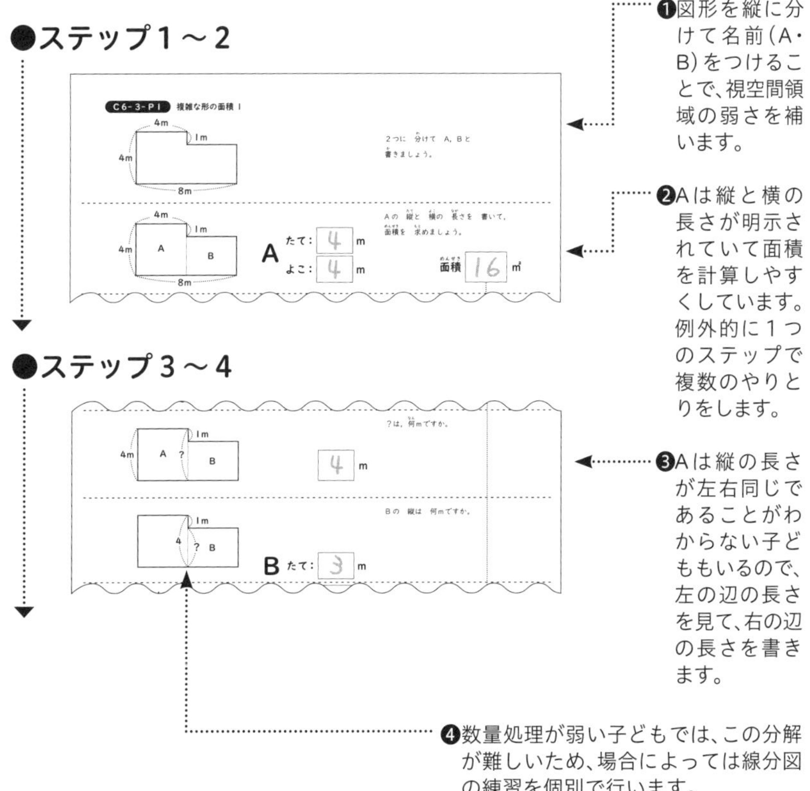

❶図形を縦に分けて名前（A・B）をつけることで、視空間領域の弱さを補います。

❷Aは縦と横の長さが明示されていて面積を計算しやすくしています。例外的に1つのステップで複数のやりとりをします。

❸Aは縦の長さが左右同じであることがわからない子どももいるので、左の辺の長さを見て、右の辺の長さを書きます。

❹数量処理が弱い子どもでは、この分解が難しいため、場合によっては線分図の練習を個別で行います。

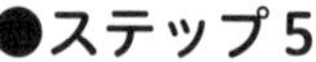

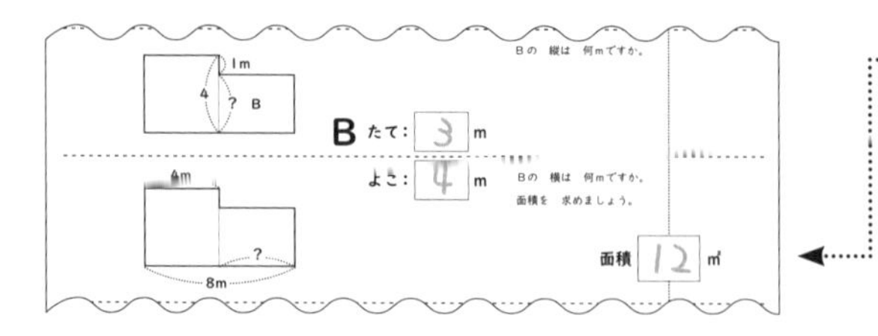

❺Bの横の長さは「8」から「4」を引いて求めますが、ステップ3〜4で練習をしているため、ここでは自分で判断して書きます。できないときはヒントを与えます。

ステップ6〜7

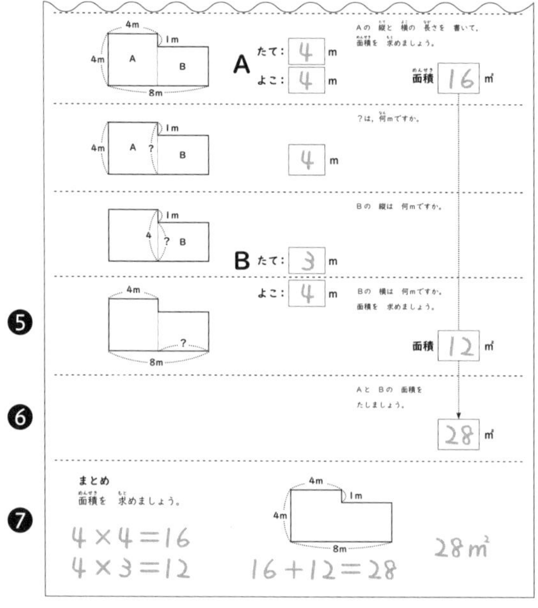

❻❼AとBの面積を縦一列に並べて、面積に注意を焦点化しやすくしています。

AとBの面積を合計し、計算した結果を書きます。最後に「まとめ」に取り組み、2枚目の問題で練習します。

数量処理や視空間領域に弱さのある子どもにとって、この問題はとても難しいものです。できなくても丁寧に支援しましょう。

［プリント C6-3-P2］
図形を操作して異なる形に変えることは、ワーキングメモリの視空間領域に弱さのある子どもにとって、とても難しいものです。具体的にイメージしやすい状況で図形を変形していきます。

●ステップ1～2

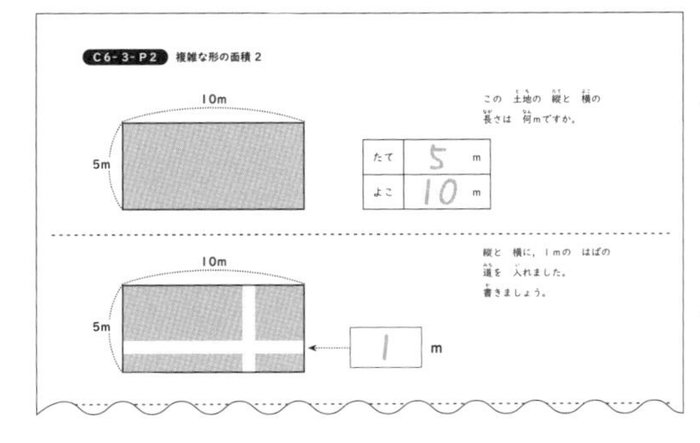

❶情報を１つずつ認識していきます。質問に答えることで、図形の情報をワーキングメモリに保持しやすくなります。

❷言葉による情報を図形に当てはめる活動にも取り組みます。このように、視空間領域の情報から言語領域の情報を読み取ったり、言語領域の情報を視空間領域の情報に当てはめます。

●ステップ3

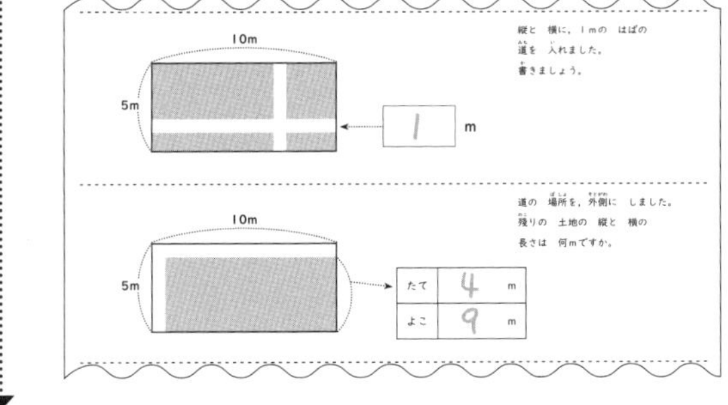

❸視空間領域の情報を操作することが難しい子どものために、例を明示します。

●ステップ4～5

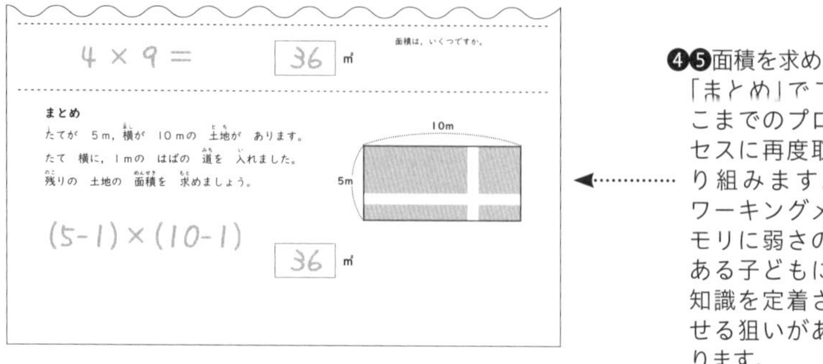

❹❺面積を求め、「まとめ」でここまでのプロセスに再度取り組みます。ワーキングメモリに弱さのある子どもに知識を定着させる狙いがあります。

[プリントC6-3-P3]

空間的な認識が苦手な子どもでは、円柱の表面を構成する面にどのようなものがあるのか把握しづらく、計算の煩雑さもあって理解が難しいことがあります。実際の円柱で表面の図形を確認したり、このプリントのように展開した図形を明示したもので練習したりします。円の面積や円周が計算できることが前提となります。

●ステップ1～2

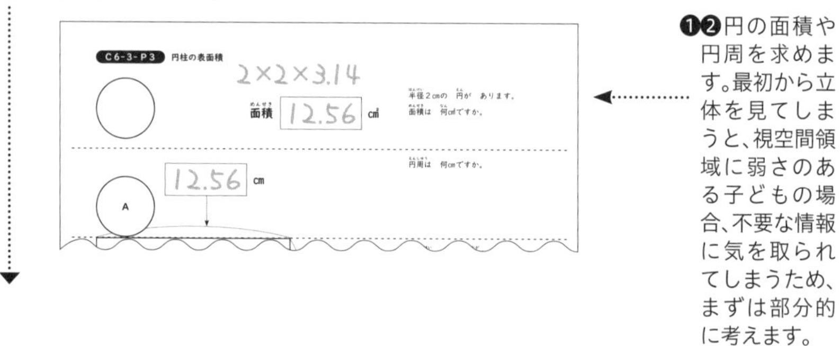

❶❷円の面積や円周を求めます。最初から立体を見てしまうと、視空間領域に弱さのある子どもの場合、不要な情報に気を取られてしまうため、まずは部分的に考えます。

●ステップ3

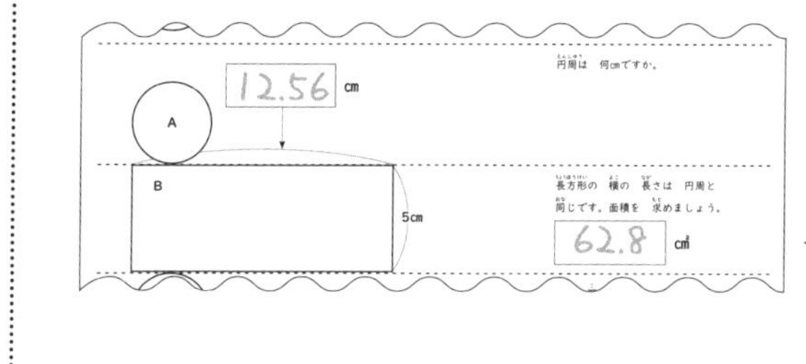

❸円周が長方形の横の辺と同じ長さであることを知らない子どもでは、このプリントをもう1枚出力し、長方形の展開図を切り取って、実際に同じ長さであることを示しましょう。

●ステップ4～5

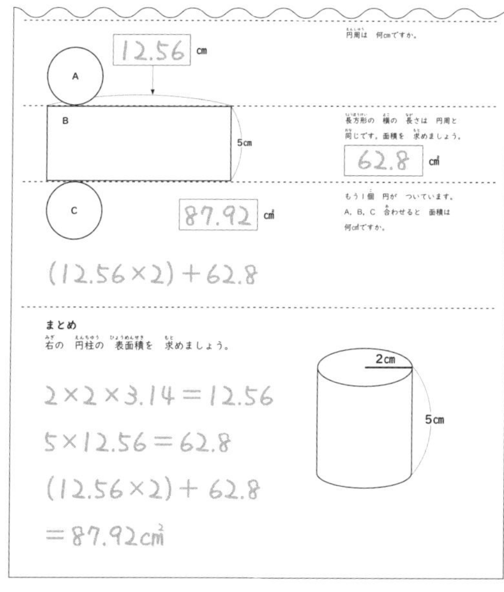

❹❺ステップ2～4では、視空間領域に弱さのある子どもが図形を認識しやすいように、A、B、Cと言語的な名前をつけています。それらを合計し、最後に「まとめ」に取り組みます。

POINT

図形を操作したり立体の表面積を求めるためには、ワーキングメモリの視空間領域に図形を保持して処理する必要があります。実際の立体で理解したことが、プリント上の表現と結びつかないこともありますので、スモールステップで丁寧に学習する必要があります。

C6-4

学習内容

学習済みの内容を組み合わせた応用問題

面積から考える問題

こんな子に

量の大きさを認識しにくい

こんな支援を

具体的な変化から理解する

WMに関する困難

言語領域

- 言葉による説明を視空間領域の情報や数量に結びつけられない。
- 問題解決のプロセスが長いと理解できなくなる。

視空間領域

- 図形の周囲の長さから、半径や辺の長さ、面積へと注意を切り替えることが難しい。

数量処理

変化した図形の大きさを数量に結びつけにくい。

弱さに配慮し強さを生かした支援

●短所補償

- やり方を明示し、まずは最後まで解けるようにします。
- シングルタスクの組み合わせで変化を理解できるようにします。

●長所活用

- 言語領域の強さを生かし、図形に、「A」や「B」などの名前をつけて認識しやすくします。

スモールステップ

- 図形が変化するとき、数値の変化を一度に処理することはマルチタスクになるため、シングルタスクの組み合わせで学習します。
- 図形の大小の判断と計算も、それぞれ別のステップに分けて学習します。

[プリント C6-4-P1]

言葉で表現された数字の変化を視空間領域の情報や数量に置き換えて理解することが難しい子どもでは、辺の長さを倍にすると面積が４倍になることを理解しにくいことがあります。一つずつリズムよく学習していきます。

●ステップ１～２

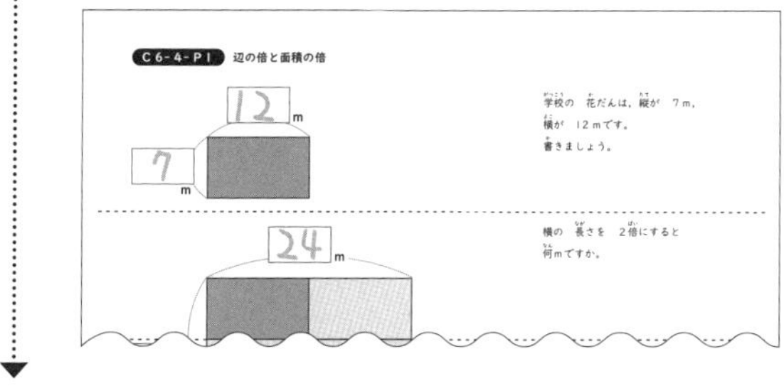

❶最初に、基本となる図形の基本的な情報を書き、ワーキングメモリに保持しやすくします。

❷まず、横の辺から長さを２倍にします。ワーキングメモリに弱さのある子どもでは、縦と横を一度に２倍にすると部分的な情報に注意を向けにくくなることがあるためです。

●ステップ３

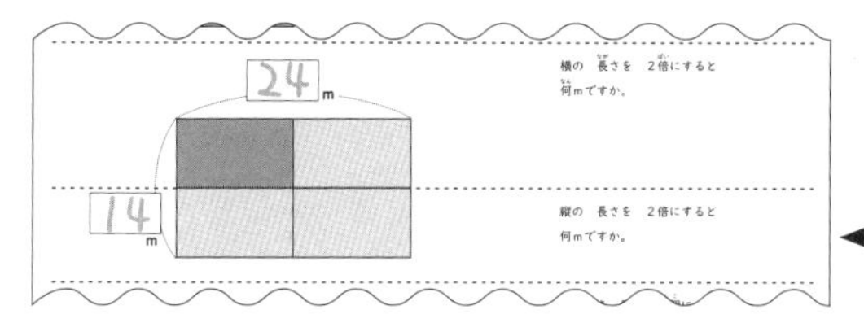

❸次に、縦の辺を２倍にします。

●ステップ4～5

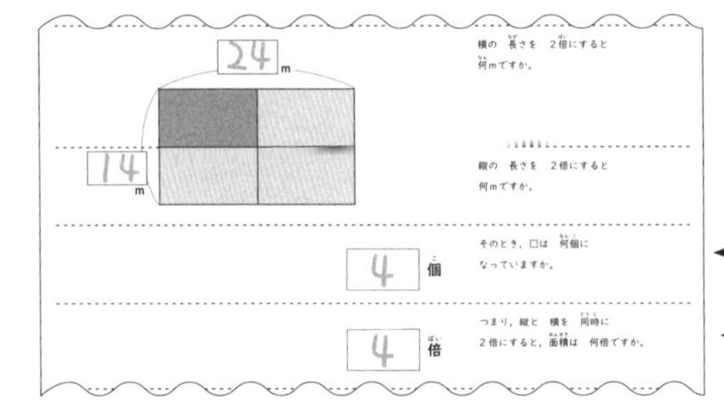

❹横と縦の辺の長さを2倍にすると、元の四角形が何個になったのかを考えます。

❺言語領域を生かして数えることによって何倍になったのかを判断します。

●ステップ6

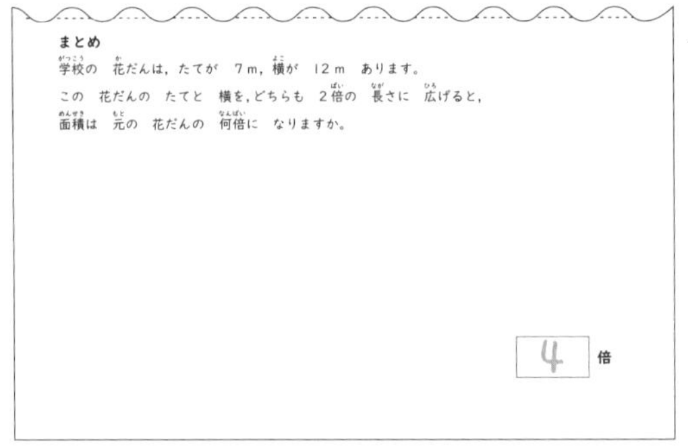

❻「まとめ」では、この問題の解決プロセスをもう一度思い出しながら解答していきます。これによってワーキングメモリに弱さのある子どもでも、解決方法を記憶に保持しやすくします。

［プリントC6-4-P2］

面積という量を認識しにくい子どもでは、面積がわかっていても式がわからない状況を適切に理解できないことがあります。帰納的なやり方の延長線上で問題を解決できるようにします。

●ステップ1

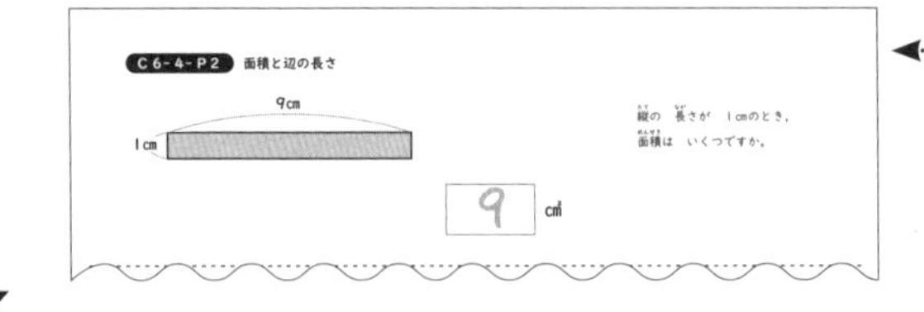

❶最初に簡単な計算から始めます。既知の情報を積み上げて、未知の問題に取り組みます。

●ステップ2

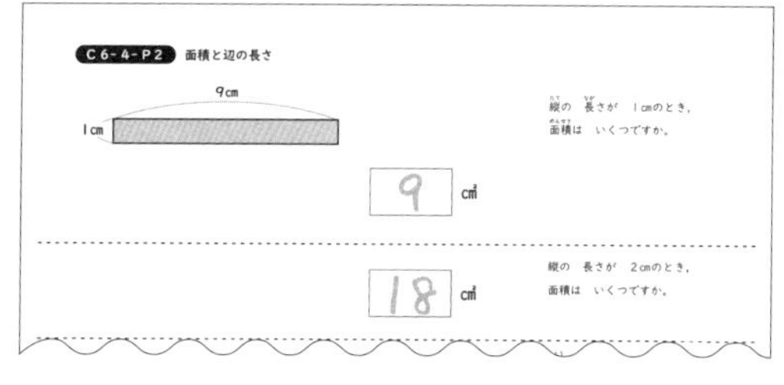
C6-4-P2 面積と辺の長さ

縦の 長さが 1cmのとき，
面積は いくつですか。

9 cm²

縦の 長さが 2cmのとき，
面積は いくつですか。

18 cm²

❷情報の変化を一つひとつ確認していきます。ワーキングメモリや数量処理に弱さのある子どもが理解しやすくするためです。

●ステップ3

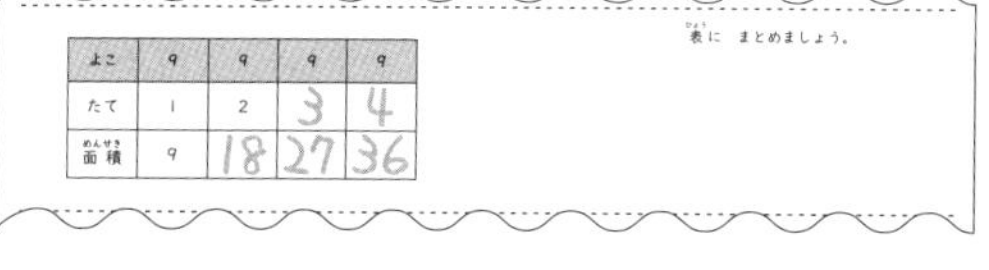
よこ	9	9	9	9
たて	1	2	3	4
面積	9	18	27	36

表に まとめましょう。

❸ステップ2までの流れとその先の変化を表にまとめます。

●ステップ4～5

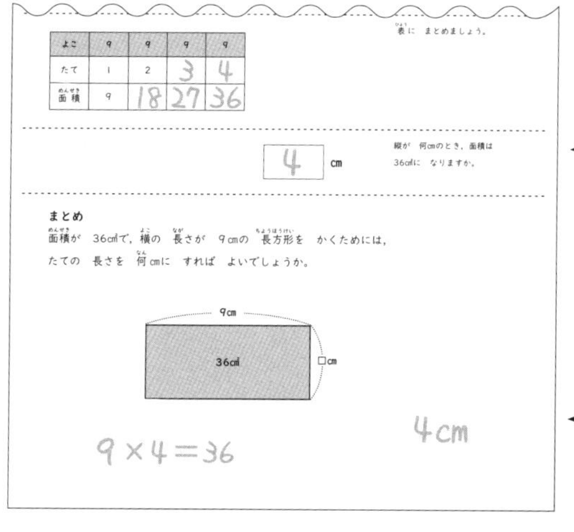
よこ	9	9	9	9
たて	1	2	3	4
面積	9	18	27	36

表に まとめましょう。

縦が 何cmのとき，面積は
36cm²に なりますか。

4 cm

まとめ
面積が 36cm²で，横の 長さが 9cmの 長方形を かくためには，
たての 長さを 何cmに すれば よいでしょうか。

❹自分で変化を確認した既知の情報に基づいて理解することで、ワーキングメモリの働きを支えます。

❺「まとめ」で、ここまでの問題解決のプロセスをもう一度実行して定着を図ります。子どもによって式はさまざまです。

［プリントC6-4-P3］

円周から半径や直径を求めることができるようになれば、応用問題としてそこから逆算して面積を求め、さらに他の図形を比較することがあります。ワーキングメモリや数量処理に弱さのある子どもにとっては非常に難しく、教えにくい問題です。P3はそうした応用問題の支援例です。

●ステップ1

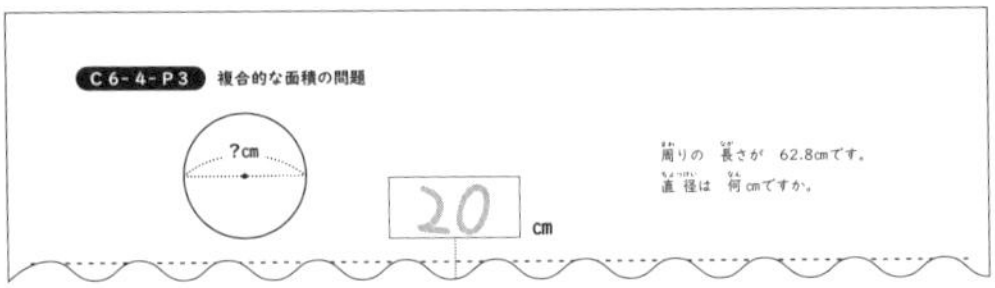

C6-4-P3 複合的な面積の問題

?cm

周りの長さが 62.8cmです。
直径は何cmですか。

20 cm

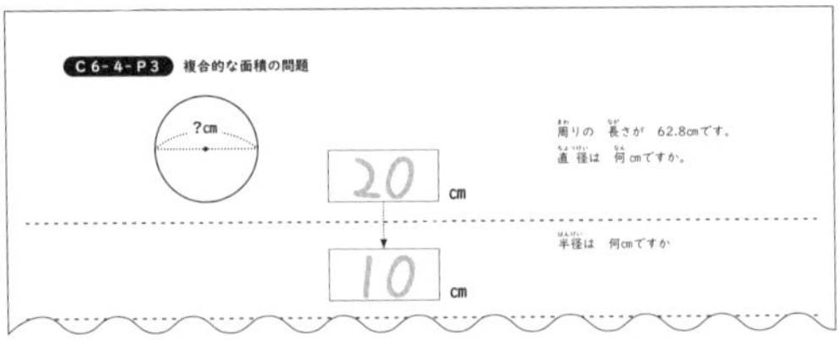

❶❷まず、円周から直径を求めて、半径を計算することに集中します。ワーキングメモリに弱さのある子どもがシングルタスクで学習できるようにするためです。

●ステップ2

C6-4-P3 複合的な面積の問題

?cm

周りの長さが 62.8cmです。
直径は何cmですか。

20 cm

半径は何cmですか

10 cm

●ステップ3

面積は何cm²ですか。

A 314 cm²

❸半径から面積を計算して、Aと名前をつけます。

●ステップ4

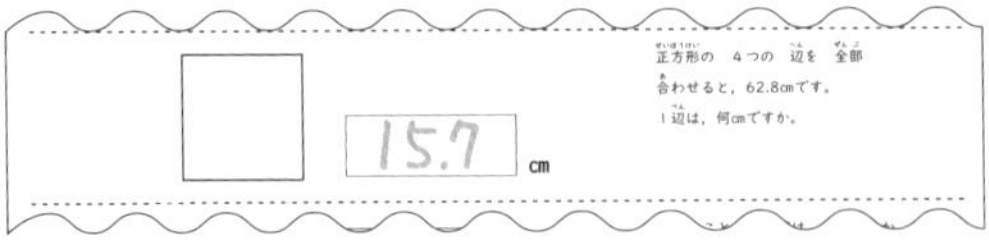

正方形の4つの辺を全部合わせると、62.8cmです。
1辺は、何cmですか。

15.7 cm

❹次に、正方形の周りの長さから1辺の長さを計算していくことに集中します。こうした学習が苦手な子どもでは、この部分だけを取り出した学習を行います。

●ステップ5

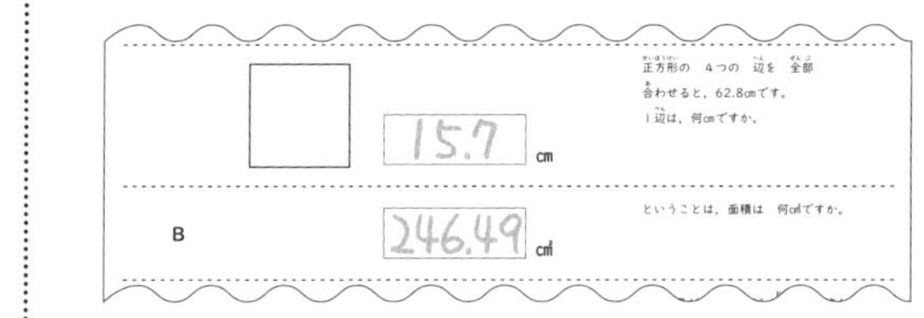
正方形の　4つの　辺を　全部
合わせると、62.8㎝です。
1辺は、何㎝ですか。

15.7 ㎝

ということは、面積は　何㎠ですか。

B

246.49 ㎠

❺正方形の面積を計算して、視空間領域に弱さのある子どもが認識しやすいよう、答えにはBと言語的な名前をつけます。

●ステップ6～8

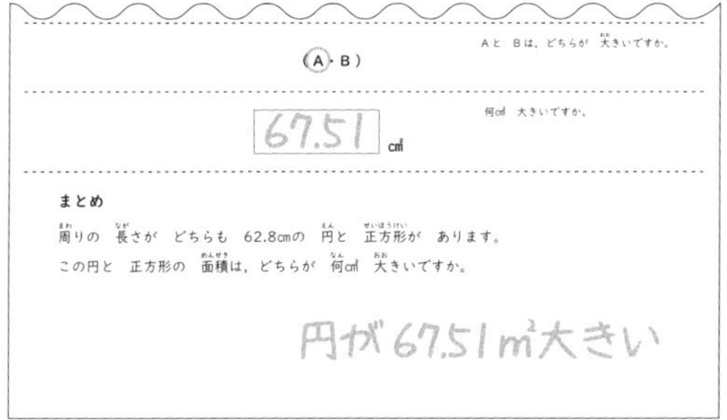
AとBは、どちらが　大きいですか。

（A・B）

何㎠　大きいですか。

67.51 ㎠

まとめ

周りの　長さが　どちらも　62.8㎝の　円と　正方形が　あります。
この円と　正方形の　面積は、どちらが　何㎠　大きいですか。

円が67.51㎡大きい

❻❼❽AとBのどちらが大きいかを判断して計算します。判断と計算を分けることで、ワーキングメモリに弱さのある子どもがシングルタスクで問題解決に取り組めるようにします。

ここで取り上げた問題はいずれも難しいものです。問題を理解するために数量処理、問題解決のためにワーキングメモリの働きが求められます。算数の学習に困難のある子どもではこの問題の理解まで至らないこともありますが、基本的な問題の理解はできるようになってきた子どもについては、こうした問題に取り組むこともよくあります。
そのようなときは支援者にとってもかなり教えにくく、子どもにとっては理解しにくい問題が現れることになりますが、プリントを工夫することで、このような複雑なプロセスを含む問題も理解できるようになることがあります。

学習内容

面積の応用問題

144 ～ 163ページの「面積」の応用問題になります。面積の応用問題は図形を分析しながら言語的な情報、数や量の情報と結びつける必要がある上に、解き方のステップも多く、複雑でたくさんの計算が要求され、問題のバリエーションも多いため、とても難しい問題です。問題の解決の見通しをもったり試行錯誤する必要があり、ワーキングメモリの働きが強く求めらるため、少しずつ丁寧に学習をします。ここには面積の応用問題に対するプリントの例を示します。

［プリント C6-5-P1］

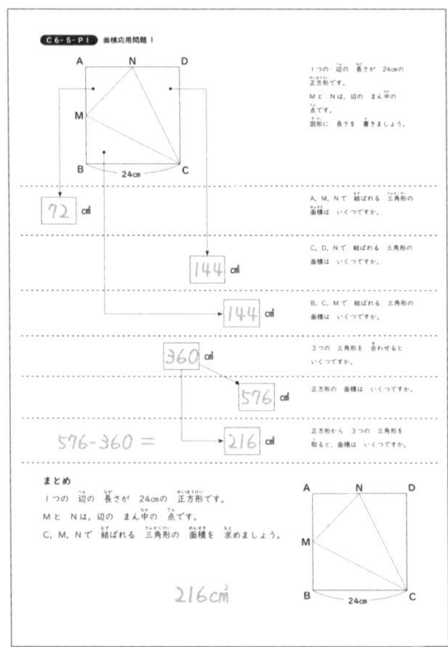

C6-5-P1 面積応用問題 1

1つの 辺の 長さが 24cmの 正方形です。
Mと Nは，辺の まん中の 点です。
図形に 長さを 書きましょう。

A，M，Nで 結ばれる 三角形の 面積は いくつですか。 72 cm²

C，D，Nで 結ばれる 三角形の 面積は いくつですか。 144 cm²

B，C，Mで 結ばれる 三角形の 面積は いくつですか。 144 cm²

3つの 三角形を 合わせると いくつですか。 360 cm²

正方形の 面積は いくつですか。 576 cm²

正方形から 3つの 三角形を 取ると，面積は いくつですか。 576-360 = 216 cm²

まとめ
1つの 辺の 長さが 24cmの 正方形です。
Mと Nは，辺の まん中の 点です。
C，M，Nで 結ばれる 三角形の 面積を 求めましょう。

216cm²

［プリント C6-5-P2］

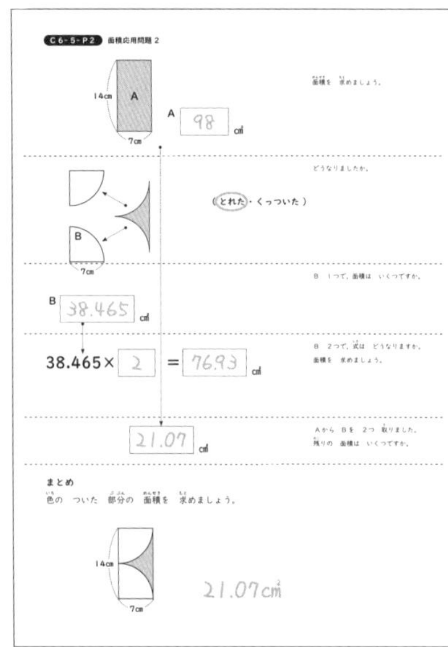

C6-5-P2 面積応用問題 2

面積を 求めましょう。 A 98 cm²

どうなりましたか。 （とれた・くっついた）

B 1つで，面積は いくつですか。 B 38.465 cm²

B 2つで，式は どうなりますか。面積を 求めましょう。 38.465× 2 = 76.93 cm²

Aから Bを 2つ 取りました。残りの 面積は いくつですか。 21.07 cm²

まとめ
色の ついた 部分の 面積を 求めましょう。

21.07cm²

似ている概念の用語を区別する

算数の学習では、似ている概念の用語の区別を要求されることがあります。以前は取り上げられていた「距離」と「道のり」の違いもその１つです。このような似ている概念の用語を区別する支援例として「距離と道のりの概念」「距離と道のりの文章題」のプリントを示します。

［プリント C4-5-P1］

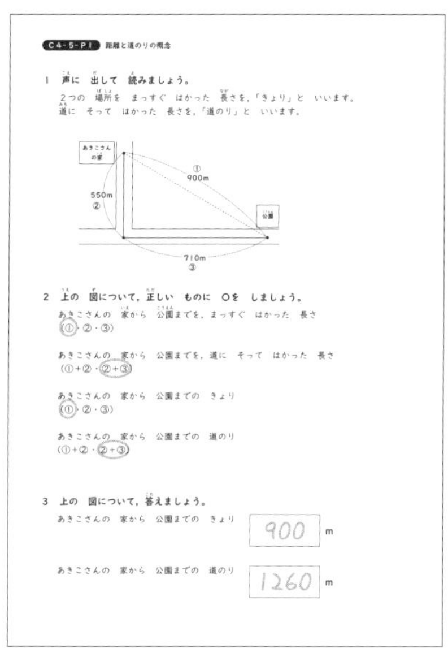

C4-5-P1 距離と道のりの概念

1　声に　出して　読みましょう。
2つの　場所を　まっすぐ　はかった　長さを，「きょり」と　いいます。
道に　そって　はかった　長さを，「道のり」と　いいます。

2　上の　図について，正しい　ものに　○を　しましょう。
あきこさんの　家から　公園までを，まっすぐ　はかった　長さ
（①・②・③）
あきこさんの　家から　公園までを，道に　そって　はかった　長さ
（①＋②・②＋③）
あきこさんの　家から　公園までの　きょり
（①・②・③）
あきこさんの　家から　公園までの　道のり
（①＋②・②＋③）

3　上の　図について，答えましょう。
あきこさんの　家から　公園までの　きょり　900 m
あきこさんの　家から　公園までの　道のり　1260 m

［プリント C4-5-P2］

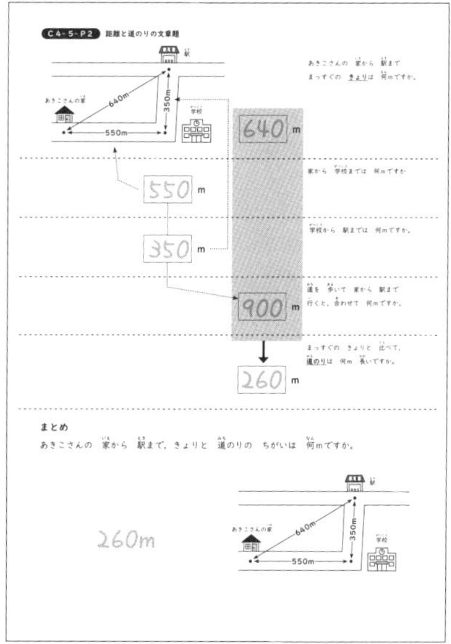

C4-5-P2 距離と道のりの文章題

あきこさんの　家から　駅まで
まっすぐの　きょりは　何mですか。　640 m

家から　学校までは　何mですか　550 m

学校から　駅までは　何mですか。　350 m

道を　歩いて　家から　駅まで
行くと，合わせて　何mですか。　900 m

まっすぐの　きょりと　比べて，
道のりは　何m　長いですか。　260 m

まとめ
あきこさんの　家から　駅まで，きょりと　道のりの　ちがいは　何mですか。
260m

指の認識と計算の困難

年齢が低い子どもでは指を使って計算します。もし、子どもが自分の指をうまく認識できていなかったら、うまく計算を習得できないかもしれないという考え方は古くからありました。発達性ゲルストマン症候群として知られる症例は、計算や指の認識が困難であるとされます。

指の認識のテストでは子どもが箱に手を入れ、1本または複数の指を大人が触り、どれが触られた指なのかを、子どもが指の絵をさして答えます。年齢が低い子どもにおいてこうした指認識の成績と計算の成績の関連を検討する研究もありますし、指の認識を高めるようなトレーニングを行っている研究もあります。

実際にアセスメントや実践の中で、どの指を触っているかわからない子どもに会うことはそれほど多くないかもしれません。しかし、算数に著しい困難がある子どもに指の名前（例：薬指、お姉さん指）を言うように指示すると、意外に答えられない子どもに多く出会います。なかには、小学校高学年で国語はいつも90点ぐらいで言語的な力には問題がないと思われるのに、指の名前を言えない子どももいました。

このことが、本当に計算の困難と必ずしも結びついているのかは明らかではありません。指の認識というよりは、ワーキングメモリの言語領域の弱さによって指の名前を覚えていない子どももいるでしょう。しかし、一度でもこうした子どもに出会うと私たちが指と計算の関連について考え直すきっかけになります。

著者プロフィール

河村 暁（かわむらさとる）

福岡教育大学大学院教育学研究科教職実践専攻（教職大学院）准教授。筑波大学博士課程人間総合科学研究科修了。博士（心身障害学）。民間支援機関「発達ルームそら」にてワーキングメモリの観点に基づき学習支援を行った。主に幼児から高校生までの読み、書き、語彙、読解、作文、算数・数学などの学習支援を行い、プリント教材やコンピュータ教材を子どもの特性に応じて作成している。

参考・引用文献

Fletcher, J. M., Lyon, G. R., Fuchs, L. S., & Barnes, M. A. (2019). Learning disabilities: From identification to intervention. Guilford Publications.

本郷一夫(監修) 湯澤正通(編著). 知的発達の理論と支援: ワーキングメモリと教育支援. 金子書房.

河村暁. (2021). 教室の中のワーキングメモリ. 明治図書.

河村暁. (2021). コンピュータ教材による分度器の学習. LD 研究, 30(4), 270-275.

河村暁. (2022). 算数障害とさまざまな障害における算数の困難. LD 研究, 31(4), 277-284.

河村暁. (2023). ワーキングメモリを生かす数・計算の教材. 学研プラス.

熊谷恵子·山本ゆう(2018)通常学級で役立つ算数障害の理解と指導法. 学研プラス.

Noël, M.-P. (2005).Finger gnosia: a predictor of numerical abilities in children? Child Neuropsychology, 11, 413–430.

Noël, M. P., & Karagiannakis, G. (2022). Effective teaching strategies for dyscalculia and learning difficulties in mathematics: perspectives from cognitive neuroscience. Routledge.

湯澤美紀·河村 暁·湯澤正通(編著) (2013). ワーキングメモリと特別な支援. 北大路書房.

湯澤正通 湯澤美紀. (2017). ワーキングメモリを生かす効果的な学習支援. 学研プラス.

Dowker, A. (2023). The componential nature of arithmetical cognition: some important questions. Frontiers in Psychology, 14.

ワーキングメモリを生かす文章題・図形の教材

文章題の読み取りや立式と図形・数量関係領域のつまずき解消！

2024年3月12日　第1刷発行

著　　者　河村 暁
発 行 人　土屋 徹
編 集 人　滝口勝弘
企画編集　東郷美和
編集担当　藤村秀樹（有限会社ピース）
装丁デザイン　藤崎知子（トライ スパイラル）
本文デザイン　村井美緒（有限会社ピース）
イラスト　山村真代
発 行 所　株式会社Gakken
〒141-8416　東京都品川区西五反田2-11-8
印刷・製本所　大日本印刷株式会社

●この本に関する各種お問い合わせ先
本の内容については、下記サイトのお問い合わせフォームよりお願いします。
https://www.corp-gakken.co.jp/contact/
在庫については　Tel 03-6431-1250（販売部）
不良品（落丁、乱丁）については　Tel 0570-000577
学研業務センター　〒354-0045 埼玉県入間郡三芳町上富279-1
上記以外のお問い合わせは　Tel 0570-056-710（学研グループ総合案内）

●学研の書籍・雑誌についての新刊情報・詳細情報は、下記をご覧ください。
学研出版サイト　https://hon.gakken.jp/
ヒューマンケアブックスのサイト　https://www.gakken.jp/human-care/